融媒体版

入眼 · 入脑 · 入手 · 易教 · 乐学

扫码获取微课资源
进行创业生涯测试

高等职业教育“十三五”规划教材
职业素养养成系列丛书

创新创业教程

CHUANGXIN CHUANGYE JIAOCHENG

李兴洲　单从凯 /主编
肖　珊　刘建敏　耿　悦　赵陶然　刘巧娟　陈学梅 /副主编

北京师范大学出版集团
BEIJING NORMAL UNIVERSITY PUBLISHING GROUP
北京师范大学出版社

图书在版编目(CIP)数据

创新创业教程 / 李兴洲，单从凯主编. —北京：北京师范大学出版社，2019.9

（高等职业教育“十三五”规划教材）

ISBN 978-7-303-24997-8

Ⅰ.①创… Ⅱ.①李… ②单… Ⅲ.①创业－高等职业教育－教材 Ⅳ.①G717.38

中国版本图书馆 CIP 数据核字(2019)第 162709 号

营销中心电话 010-57654738 57654736
北师大出版社职业教育分社网 http://zjfs.bnup.com
电子信箱 zhijiao@bnupg.com

出版发行：北京师范大学出版社 www.bnup.com
北京市西城区新街口外大街 12-3 号
邮政编码：100088
印　　刷：三河市兴达印务有限公司
经　　销：全国新华书店
开　　本：787 mm×1092 mm 1/16
印　　张：14.25
字　　数：218 千字
版　　次：2019 年 9 月第 1 版
印　　次：2019 年 9 月第 1 次印刷
定　　价：35.80 元

策划编辑：鲁晓双　　责任编辑：郭　瑜
美术编辑：焦　丽　　装帧设计：原创文化
责任校对：丁念慈　　责任印制：陈　涛

前　言

“提高自主创新能力，建设创新型国家”和“促进以创业带动就业”是我国重要的发展战略。当前，我国经济已由高速增长阶段转向高质量发展阶段，对推动“大众创业，万众创新”提出了新的要求。在职业院校开展创新创业教育，积极鼓励职校学生自主创业，是职业教育系统深入学习新时代中国特色社会主义思想，服务于创新型国家建设的重大战略举措；是深化职业教育教学改革，培养学生创新精神和实践能力的重要途径；是落实以创业带动就业，促进职校毕业生充分就业的重要措施。

在此社会发展背景之下，必然有相应的政策作为指导，如《教育部关于大力推进高等学校创新创业教育和大学生自主创业工作的意见》(教办〔2010〕3 号)指出：“创新创业教育要面向全体学生，融入人才培养全过程。要在专业教育基础上，以转变教育思想、更新教育观念为先导，以提升学生的社会责任感、创新精神、创业意识和创业能力为核心，以改革人才培养模式和课程体系为重点，大力推进高等学校创新创业教育工作，不断提高人才培养质量。”除此之外，《国务院关于推动创新创业高质量发展打造“双创”升级版的意见》(国发〔2018〕32 号)中强调：“强化大学生创新创业教育培训。在全国高校推广创业导师制，把创新创业教育和实践课程纳入高校必修课体系”。因此，创新创业教育是适应经济社会和国家发展战略需要而产生的一种教学理念与模式。高职院校学生作为大学生群体的重要组成部分，其所学专业实用性强，与产业发展联系紧密，创新创业教育对于高职院校学生发展具有很强的现实意义和积极影响。

本教材以职业院校学生的身心发展规律为原则，在保证知识体系相对完整的基础上，知识介绍条理清晰、语言简洁，内容学习深入浅出，有明确的认知目标、素养目标和运用目标，便于教学过程中的评价；以项目式学习为主，通过完成不同的任务达到教学目标的要求，实践性强；以任务情境导入，从生活实际出发，并以“互动空间”“连线职场”和“训练营”强化所学知识与技能；教材引入了大量的案例、知识链接与拓展阅读等内容，增强了教材的可读性。本教材由李兴洲、单从凯担任主编，负责全书的策划和统稿工作，各项体分工为：赵陶然——项目一，刘建敏、耿悦——项目二，耿悦——项目三、项目五，肖珊——项目四，刘巧娟——项目六，陈学梅——项目七。本教材在编写过程中，遵循理论联系实践的原则，坚持科学性、实用性、指导性，力求为职业院校师生的教与学提供帮助。

由于编写人员水平有限，书中难免会有不足之处，恳请读者给予批评指正，对于提出的宝贵意见，会在修订时更正、提高和完善。

《创新创业教程》编委会

2019 年 8 月

目　录
CONTENTS

PROJECT 1

项目一
创新思维

PROJECT 1

认知目标

思维的培养与训练对创新创业有着强大的助推作用。什么是创新思维？为什么需要创新思维？如何获得创新思维？本项目意在通过对上述三个问题的解答，帮助学生了解什么是创新思维，领会创新思维的不同形式、特点，并对创新思维在生活及创业中的运用给予学生以不同的启发。

素养目标

通过案例与理论的有机结合，帮助学生形成对创新思维意义及培养的体认，鼓励学生形成拓宽思维、追求创新的精神。

运用目标

结合问题与案例，帮助学生了解、掌握基本的创新思维方法，并将之应用于具体问题乃至生活实际。

任务一　认识创新思维

任务导入

美工刀熟悉吗？拆快递、裁纸、削铅笔等时常会用到，轻松推拉，割物便捷。若刀刃钝了，顺着沟槽掰断一节便可以继续使用。这个伟大的设计要追溯到1956年，其创始人是日本的一个普通印刷厂员工，名叫冈田良男。那时裁剪和切割纸张用的是薄而脆的普通刀片，类似如今的剃须刀片，不小心会割伤手，因刀片一体成型，钝了之后只能整片扔掉。一次在路上，冈田良男看到一个鞋匠用玻璃碎片切割鞋底，玻璃碎片被鞋底弄碎了，新的碎片还能继续使用。他便联想到驻日美军送给孩子们的板状巧克力，吃完一块可以再掰一块。他突发奇想：如果能将用钝的刀片折断，不就能够一直有新的刀刃吗？灵感迸发后，他将刀设计成滑动的形式，如同板状巧克力一样，在刀刃上刻上沟槽，方便将刀刃掰下。经过无数次的试错和研究，他熟练地掌握了刻沟槽的深度和刀尖的角度，成功发明了世界上首款折刃式切割刀——OLFA。这把始于1956年的折刃刀，一直沿用至今。

【启示】从板状巧克力到OLFA的跨越看似简单明了、一步到位，但如果不具有灵敏的头脑和创新思维，这简单的一小步也会是大多数人难以跨越的鸿沟。冈田良男的故事启示我们创新从生活中来，也要回到生活中去。创新思维就蕴藏在我们的日常生活之中。

创新思维就在我们的日常生活之中。从原始人类的钻木取火，到如今全人类信息化社会的飞跃，这万年的时间跨度中每一次阶段性的变革，都充满了创新思维的智慧。可以说，没有创新思维，就没有人类的历史；没有创新思维，也不会有人类的明天。创新思维源于生活，它汲取着生活的点滴。那么什么是创新思维？创新思维具有怎样的本质特征？本任务即将带领大家略探究竟。

一、创新思维概述

在对创新思维作概念界定前，我们需要对“创新”和“思维”分别进行理解。

创新是一个非常新鲜的词语，世界各个领域的前沿技术不断更新发展，都得益于人类永不止步的创新。与此同时，创新又是一个非常古老的词语，早在我国《南史》中即有言，“据《春秋》，仲子非鲁惠公元嫡，尚得考别宫。今贵妃盖天秩之崇班，理应创新”。英语中的 Innovation 则起源于拉丁语，有三层含义：第一，更新；第二，创造新的东西；第三，改变。“创新”作为一种理论，成型于 1912 年美国哈佛大学熊彼特教授的《经济发展概论》。创新精神自经济学领域开始向社会各个领域扩散传播，成为社会发展进步的必然追求。创新是人类特有的认知能力和实践能力，是人类主观能动性的高级表现，更是推动民族进步和社会发展的不竭动力。一个民族、一个国家想要走在时代前列，就一刻也不能没有创新思维，一刻也不能停止创新。

思维可以看作是人用头脑进行逻辑推导的属性、能力和过程。思维是人所特有的高级认知活动，是人脑借助语言对客观事物进行概括和间接反应的过程。不同于单纯的“想”，它涉及人的一系列较为复杂的心智活动，以感知为基础，但又超出感知。古希腊哲学家柏拉图曾言，“思维是灵魂的自我谈话”。思维的基本过程有分析与综合、比较与分类、抽象与概括等。作为一门研究学科，思维科学从 20 世纪初至今，在哲学、心理学、脑科学乃至教育学等诸多研究领域都取得了卓越的成果。

（一）是什么——创新思维的最初体认

“创新思维”继承了“创新”和“思维”的基本内涵，但又不仅仅是二者的简单叠加。就本质而言，创新思维是指以新颖独到的方式方法解决问题的思维过程。借助创新思维，人们能够突破常规思维的限制，从而打破常规地思考问题，就不同的任务、问题给出与众不同的解决方案。在这里，创新思维并不具有某种特定的解释，正如同“一千个读者心中有一千个哈姆雷特”，对“创新思维”一词进行界定，本身就违背了创新思维的意味。每个人头脑中都有对“创新思维”的别样理解，要把握创新思维，关键在于抓住“新”的意味。

互动空间

这份报纸只为你服务

英国有一个名叫丽贝卡的女孩，她在 23 岁时创办了英国首家个性化报社——“你上报了”有限公司。在这张“私人报纸”上，刊登的不再是其他报纸上所登的那些肩负着社会道义的传统新闻，而是纯粹属于个人的消息。客户们不仅能把名字等个人信息刊登在报纸上，还能把个人的新闻故事、照片登在头版头条。除了圣诞节、生日庆祝等普通主题外，还有许多年轻人喜欢的搞怪内容。

这种“比那些平民真人秀更能吸引年轻人，帮普通人轻松实现明星梦想”的方式受到了越来越多年轻人的青睐。不久之后，该公司每周能印刷出一万份客户们预订的报纸，月营业额达到了45000英镑。

（二）为什么——创新思维意义何在

当产生“我们为什么需要创新思维”这一问题的时候，就表明我们的大脑中已经开始为创新思维的产生做准备了。没错，提出问题是具备创新思维的关键起点，也正因如此，创新思维才是人类所独有的思维历程。

让我们先从国家与政治的层面来解读这个问题。我国自改革开放至今，四十多年的发展可谓是经历了一次波浪式前进、螺旋式上升的过程，而由改革开放带来的成果更是举世瞩目：我国综合国力得到显著增强，在经济、政治、文化等诸多方面取得进步的同时，社会主义制度在我国得到了稳定的巩固与发展。这些成就远非一日之功，都是来源于改革开放这项伟大的创新壮举。创新是一个民族进步的灵魂，是国家兴旺发达的不竭动力。习近平总书记鼓励广大青年勇于创新，正所谓“苟日新，日日新，又日新”。将目光拓展至世界，没有哪个国家、哪个民族能够在没有创新精神、创新思维的境况下长久存活。因此，创新思维的存在是重要且必要的，关系到全人类发展的共同命运。

创新思维的主体是存在的人。世界层面、国家层面的创新精神，最终要落实到每一个个体之上，即“创新思维在人人”。与其将创新看作一种任务，不如将它理解为一种现存的状态，即不论意识到与否，我们实质上是生活在这种创新的氛围中的。每一天，我们都会说出不同于曾经的话语、做出不同于曾经的选择。在进行有意识的创新活动之前，我们的思维和身体已经在为隐性的创新做出准备。古希腊哲学家赫拉克里特曾有着精准的预言：“人不能两次踏进同一条河流”，因为第二次踏进的河流已非曾经的流水，江河川流不息，运动与变化常在。即使一个人的头脑不愿去进行创新的思考，他所赖以存在的身体也在一天天地变化发展。因此，我们不妨用一种更加积极、主动的心态来理解创新思维——我们需要创新思维，因为它能够帮助我们发现更多的可能，造就有无限前景的自己。

（三）怎么做——如何把握创新思维

下面所列举的方式方法广经检验，具有独特的参考与实践价值。需要明确的是，在我们的生活实际中总有更多的方法帮助我们体悟创新思维，享受创新带来的别样乐趣。

1. 破除思维定式，冲破思维枷锁

思维定式，也称“惯性思维”，是由人们预先有过的活动而造成的一种对后续活动的特殊心理准备状态，或活动的倾向性。在环境不变的条件下，思维定式能够帮助人们用已掌握的方法较为快速地解决问题；如果环境条件发生了变化，思维定式往往会将人限制在特定的思维内，阻碍人们用新的办法解决问题。消极的思维定式是束缚人们创造性思维的枷锁。

互动空间

安德烈·刘易斯是个计算能力超强的天才，他在表演算术时从来没有失误过。一天，当他照例表演时，有人在台下给他出了道题。

“一辆载着105名乘客的客车到站了，有67人下车，52人上车；到了下一站，又下去19人，上来31人；再下一站，下去22人，上来48人；再下一站……”

那人话音刚落，心算大师刘易斯便立刻不屑地说道：“真是不能再小儿科的问题了！我告诉你，这时候车上还剩……”

“不!”那人打断了他的话，“我是想请您算一下客车一共停了几站。”

刘易斯一下子呆住了。这道颇为简单的题目成了他算术表演中的一次“滑铁卢”。

想一想，从这个小故事里我们能明白什么？

那么，怎样才能有效地破除消极的思维定式，冲破固有思维的枷锁呢？

首先，应避免“先入为主”的观念。先入为主，顾名思义乃是人们先听到的话、先获得的印象等很可能会在头脑中占据主导地位，从而不易接受后来的不同意见或事情。这是人们生活中最常见也是最易有的思维模式，即往往会因为自己头脑中先前的了解或臆断，来轻易解释或判断后来发生的事情。最常见的例子就是日常生活中发生的某些“道听途说”，人们往往凭借他人的评价或说法就轻易对某人、某事做

出判断。在培养创新思维的道路上，破除思维定式是必然和关键。

其次，铭记“耳听为虚，眼见为实”。在意识到应避免“先入为主”观念的基础之上，要破开层层迷雾追寻现象本质，绝对离不开个体的躬身实践。“绝知此事要躬行”就是说明只有亲自接触过、体验过、感悟过，才能够对某事、某物乃至某人做出理智的判断，破除固定思维，产生全新的、属于自己的感悟。

2. 独立思考，勇于改变

我们了解到破除思维定式的重要性，那么接下来应该如何去做呢？

不妨换个角度去思考——破除思维定式即意味着我们已经具备了独立思考的精神，将这种独立思考的精神继续坚持下去还不够，更重要的是需要做出改变。只有改变、突破现有事物或思想的屏障，才具备创新的可能。

二、 创新思维的内涵特征

（一）合理的质疑精神

质疑精神是创新思维得以存在的基础。纵观不同特性、不同方式方法的创新思维，它们的提出和发展都是建立在对其他思维模式的思考、质疑的基础之上的。我们这里所说的质疑精神是合理的，并非盲目的随意怀疑。合理的质疑精神，是创新思维得以产生的关键。

（二）积极的自我超越性

积极的自我超越性所体现的是创新思维的不断发展，它不因既有的存在而停止，也不因内部条件的限制而自我满足。在某种程度上，我们可以这样理解：每一种创新思维形式都存在着对其他创新思维形式的超越，因而站在宏观的大背景下，没有一种思维能够比创新思维更具有积极的自我超越、自我发展。

（三）极度的思维跳跃性

创新思维的另一大特征体现在它的跳跃性上。这种跳跃性不仅仅是在时间上，在空间上更为鲜明。创新思维的跳跃性不仅为我们打开了思维世界的大门，更让我们在心境上体验到一种更为开阔、纵横、自由的人生态度。

互动空间

海鸥司令

第二次世界大战期间，英国某潜艇司令官本杰利少校被称为“海鸥司令”。就是这位“海鸥司令”，带领他的潜艇在反击德军的潜艇战中创下了辉煌的战果。

从战争开始时，本杰利少校便着手研究如何对付德军的潜艇。在潜艇战中，最重要的是如何隐蔽自己，如何及早发现敌人。可以说，谁首先发现敌人，谁便有了取得胜利的主动权。由于双方都会充分应用雷达技术来及时报警，因此，只有掌握了雷达仪器探测范围之外的侦察能力，才会真正拥有决胜权。

一天，本杰利的潜艇停在军港检修，他独自在沙滩边踱步。突然，他看到几十米远的海面上，一群海鸥在那里低低地盘旋。那些海鸥不停地叫着，一会儿从空中俯冲到海面上，一会儿又在那儿低飞回转。本杰利觉得奇怪：一大群海鸥在那儿集结是什么原因呢？用望远镜一看，原来海面上漂浮着一些东西，是从潜艇上的厨房里扔出的剩饭菜。哦，残羹剩饭对海鸥竟然有这么大的吸引力。本杰利的心里琢磨开了，一个奇特的计划在他的脑中形成了。

不久，本杰利的潜艇上的士兵们接到了司令官的一项特殊命令：在潜艇巡航时，不断向海面投放食物。

从此，每次出航，士兵们便发现有大批的海鸥在潜艇的海面上争抢食物。时间一久，海鸥一发现水下有黑影移动，就会在海面上盘旋，等待食物。

本杰利少校的举动开始时很不为部下们所理解，他们都为每天浪费了大量食物而感到可惜。听到部下们的抱怨声，本杰利只是一笑置之，并未收回命令。

正式的战役终于打响了，英军潜艇所在的海面很快便成了主要的战场。本杰利给士兵们下达了新命令：“一旦发现海面上有海鸥集结飞翔，就说明德军潜艇出动了，即可发动攻击！”士兵一下子明白了司令官“训练”海鸥的良苦用心。就这样，海鸥成了英国军队的“眼睛”，本杰利的潜艇在海鸥的指引下，给德国的潜艇部队以沉重的打击。

互动空间

巧用油漆

由于高速公路上采用的黄色反射标志不明显，美国加利福尼亚州曾经通过一项法案，将所有黄色标志均改为橘色。由于涂了黄色油漆的标志无法涂成橘色，所以政府当局决定将所有的黄色标志全部废掉，再重新添置一批橘色标志。这将会带来人力、财力与物力上的极大消耗。

此时，一位有经验的加州高速公路管理员工想出一个独到的办法：只要在黄色的标志上涂上一层油红色漆，同样可以呈现出橘色，且更加亮眼。此想法经过试验，即成功地被政府采纳，预计节省20万美元的费用。这位员工也因此受到了褒奖。

拓展阅读

阅读以下著名的创新事例，你能从中得到怎样的感悟？

上海姑娘杜冰蟾15岁发明了震惊学界的“汉字全息码”。

爱迪生16岁发明了自动定时发报机。

高斯17岁提出了最小二乘法。

伽利略20岁发表了关于自由落体运动的论述。

牛顿23岁发现了万有引力定律。

海森堡24岁建立了量子力学。

爱因斯坦最初沉湎于奇妙深邃的“想象实验”（以光速跟着光速跑）时还是一个16岁的中学生，正式创立相对论时也不过是知识储备相对较少的26岁的青年人。

图灵发表奠定整个计算机和人工智能领域基础的论文时年仅24岁。

据英国《星期日泰晤士报》报道：研究人员在对数千名发明者的成就进行调查之后发现，人生中的第一次重大灵感的出现时间最有可能在29岁。

任务二 创新思维形式

任务导入

曾经有这么一家公司，以其巧妙提高劳动生产率的方法为人们所称道。感兴趣的管理学家去实地考察后，就其不同车间的不同运作模式做了总结。

第一个车间男性员工数量较多，公司巧妙地多安排进去几位女性员工，果然工作效率得到了一定的提高——所谓“男女搭配，工作不累”。

第二个车间原本都是一些青年人，公司加了几位中年员工进去，他们老成持重，与年轻人的青春活力相辅相成，工作效率也得到了有效提升。

第三个车间原本中年员工居多，公司选择调配几位年轻员工加入，让整个车间有了一股新鲜的活力，效率提高。

第四个车间虽然男女老少的分配都较为均衡，但公司发现整个车间全部都是本地员工，故最后决策选择多融入一些外地的员工。大家可能彼此较劲比拼，工作效率从而得到了提升。

【启示】就不同车间的状况有针对性地进行调整，从而成功实现了提高劳动生产率的目标，该公司富有创新性的做法可以带给我们多方面的启示。这样的做法同“田忌赛马”颇有异曲同工之处，即都打破了原有的固化思维模式，通过巧妙的组合创新，取得了出乎意料的良好效果。

由以上案例可见，创新思维存在着多种多样的形式。不同的思维形式彼此独立，同时又能巧妙地融合，无不表明创新思维本身就时刻彰显着独特的魅力。本任务将会为大家逐次列举五种创新思维形式，通过阅读、学习与思考，我们可以由浅入深、由表及里地去体味不同思维形式的独有魅力。

一、 逻辑思维

逻辑思维是思维的一种高级形式，指将思维内容联结、组织在一起的方式或形式。从学术的角度而言，逻辑思维是人的理性认识过程，是个体运用概念、判断、推理等方式反映事物本质与规律的认识过程。

二、 发散思维

发散思维，又称辐射思维、放射思维、扩散思维或求异思维，是指大脑在思维时呈现的一种扩散状态的思维模式。它表现为思维视野广阔，呈现出多维发散状，不受任何条件的限制与拘束，从任意维度来思考问题。“一题多解”“一事多写”“一物多用”等，即是对发散思维的有效表述。

（一）发散思维的基本特征

1. 开放性

拓宽思维，进行头脑风暴，可以将大脑中的思路无限延展。思维不受时间与空间的限制，没有对错的分别。以某一主题或某一关键词为中心，进行开放式的自由联想，是开放性的要点所在。

2. 分散性

如果说开放性破除了人的思维的范围要求，那么分散性则是在此基础上对开放的思维进行全方位的展开。发散思维要求个体的思维不只集中在某一个或几个层面，而是尽可能多角度展开。如果将某一主题或关键词比作中心，开放性即为一根无限延长的射线，分散性则带动这根射线进行 360 度旋转，最终将人的思维扩展成一个无限大的圆。

3. 任意性

让我们继续在无限大的思维之圆中来解读。任意性指发散思维可以不受约束，任意是基于开放的任意，任何一种方式、角度与特色的思维都可以存在于无限大的思维之圆中。

4. 跳跃性

在开放性、分散性与任意性共同构成的无限大的思维之圆中，某种想法、某个念头或某些灵感是自由跳跃的存在。思维可以由彼到此、由此及彼地自由变换，不受任何约束。无数交织的思维点让整个发散思维更加生动鲜活。

（二）发散思维的不同形式

1. 平面思维

平面思维指的是人的各种思维线条在一种平面上的互相交错。从数学中我们学到由点到线、由线到面，所以平面思维可以看作是线性思维朝着不同方向扩张的结果。平面思维反映的是一个相对全面、整体的对象，联系和想象是平面思维的组成核心。

2. 立体思维

立体思维也称多元思维、全方位思维、整体思维、空间思维或多维型思维。定义是相对于平面思维而存在的，具体来讲是指跳出点、线、面的限制，能从不同方面、不同角度去思考问题的思维方式。如果用数学的方法去描述的话，平面思维更像平面直角坐标系，立体思维则是空间几何。

3. 逆向思维

逆向思维也叫反向思维、求异思维，是对司空见惯的似乎已成定论的事物或观点反过来思考的一种思维方式。逆向思维的实质是一种质疑精神，敢于“反其道而思之”。通晓“不破不立”，是逆向思维的亮点。逆向思维具有新颖性、批判性、独创性等特征，但我们要清楚地认识到，逆向思维并不是无端质疑，而是在已有思维的基础之上进行的理智的、富有创新意味的反向思维。

互动空间

法拉第与电磁感应

1820 年，丹麦哥本哈根大学物理学家奥斯特通过多次实验，发现电流的磁效应。这一发现在欧洲大陆传开后，吸引了许多人参加电磁学的研究。英国物理学家法拉第怀着极大的兴趣重复了奥斯特的实验，果然，只要导线通上电流，导线附近的磁针会立即发生偏转，他被这种奇异现象深深地吸引住了。

当时，德国古典哲学中的辩证思想已传入英国，法拉第受其影响，认为电和磁之间必然存在联系并且能相互转化。他想，既然电能产生磁场，那么磁场也能产生电。

为了使这种设想能够实现，他从 1821 年开始做磁场产生电的实验。无数次实验都失败了，但他坚信反向思考问题的方法是正确的，并继续坚持这一思维方式。

十年后，法拉第设计了一种新的实验，他把一块条形磁铁插入一只缠着导线的空心圆筒里，结果导线两端连接的电流计的指针发生了微弱的转动！电流产生了！

随后，他又设计了各种各样的实验，如两个线圈相对运动，磁作用力的变化同样也能产生电流。

法拉第十年的不懈努力并没有白费，1831 年他提出了著名的电磁感应定律，并根据这一定律发明了世界上第一台发电装置。

如今，这一定律正改变着我们的生活。

法拉第成功地发现电磁感应定律，正是运用逆向思维方法的一次伟大胜利。

4. 组合思维

组合思维，又称联合思维、连接思维，是人们充分发挥联想与想象能力，把貌似不相关的几个事物加以有意义的连接，从而使之变成全新的整体的一种思维方式。

组合思维具有独到的创新性、广泛性与连接性，它的存在不是几个不相关事物的简单组合，而是借助人的联想与想象能力，创造出“1＋1＞2”的神奇效果。

互动空间

组合思维与科技变革

许多科学家认为，知识体系的不断重新组合是人类知识不断丰富发展的主要途径之一。从这一角度看，近现代科学的三次大创造是由三次大组合所带来的。第一次大组合是牛顿组合了开普勒的天体运行三定律和伽利略的物体垂直运动与水平运动规律，从而创造了经典力学，引起了以蒸汽机为标志的技术革命。第二次大组合是麦克斯韦组合了法拉第的电磁感应理论和拉格朗日、哈密尔顿的数学方法，创造了更加完备的电磁理论，引起了以发电机、电动机为标志的技术革命。第三次大组合是狄拉克组合了爱因斯坦的相对论和薛定谔方程，创造了相对论量子力学，引起了以原子能技术和电子计算机技术为标志的新技术革命。

组合思维形式多样，最常见的有同质组合思维、异质组合思维、重组组合思维等。

同质组合思维是若干相同的事物进行的思维组合。这种组合可以看作一种简单的量变，而没有产生质的变化结果。譬如，鸡尾酒是几种不同风味的酒的组合，双层客车是普通单层客车的组合，以单排订书机为基础的双排或多排订书机等。

异质组合思维是多种不同性质的事物或不同领域的思想间产生的思维组合，组合的对象可以来自不同方面，一般没有前后、大小和主次之分。参与异质组合思维的对象从不同层次、水平、成分等方面彼此渗透、相互融合，从整体上发生较为显著的变化。相较于同质组合思维，异质组合思维倾向于发生质变，具有更强的创新性。例如，我国云南哀牢山的彝族将火药、铅块、铁矿石渣、铁锅碎片等物放入一个掏尽籽的干葫芦里，在葫芦颈部塞入火草作为引火物，再把葫芦装进网兜，这就是一个异质组合思维的创造——“葫芦飞雷”。“葫芦飞雷”被称为世界上最早的手榴弹。被组合的东西（火药、铅块、铁矿石渣、铁锅碎片等物）是旧的，组合的结果（“葫芦飞雷”）是新的。把旧变新、由旧出新，这就是创造。

重组组合思维是在宏观的境况下将不同事物原本的层次分解，按照具体的目标或方向将事物的层次重新组合，从而获得全新的事物的思维过程。生活中我们所熟悉的七巧板、积木等就是锻炼重组组合思维的益智玩具。究其本质而言，重组组合思维也属于质变的范畴。

（三）发散思维的训练方法举例

1. 具体发散法

具体发散法并不是特定的模式方法，而是一种具体问题具体分析的发散思维模式，它可以看作事物不同属性、特质的发散思维组合。譬如，我们可以以不同事物的形状、材质、结构、功能、色彩、因果关系等为出发点，进行不同方向、不同层次的思维发散与展开。具体发散法的初衷是要让作为思维主体的我们完全放开思想，无拘无束地在思维的海洋中徜徉。在某种程度上，这也是我们创新的始源。

2. 推断演绎法

简言之，推断演绎法就是由一般性的前提出发，通过“演绎”（即推断的方法）得出某种具体的陈述或个别的结论的方法。它的首次提出可追溯到古希腊哲学家亚里士多德。为了对推断演绎法有更好的解释，我们以一个简单的例子加以说明。

狗喜欢吃骨头。

我养的小狗 A 是一只狗。

结论：小狗 A 喜欢吃骨头。

我们是否可以仿照此格式，对其他不同的事物或问题来尝试一下自己的“推断演绎”呢？

3. 个人发散思维与集体发散思维

我们每个人作为独一无二的个体，在思想与认识上是大有不同的。所以就同一个问题，不同的个体之间总会产生不一样的思维碰撞。用数学的思维略作思考，如果把每个人看作一个点，那么个人的具体发散与推断演绎则构成了一个坐标，由点到线、由线到面、由面到体，集体的发散思维才能由一个具体的坐标充盈到整个立体的空间。从社会历史发展的角度而言，个人的力量有限，集体的发展才能无穷尽。个人的发散思维只能够带来有限的创新，唯有集体的发散思维才能推动创新在社会中不断延续。

互动空间

尽可能地思考形状“△”和现实生活中的什么东西相似(不需要深思熟虑，说出你的直观感受和想法)?

三、 聚合思维

聚合思维是指从已知信息中产生逻辑结论、从现成的资料中寻求正确答案的一种有方向、有条理的思维方式。因此，聚合思维法又称为求同思维法、集中思维法等。简言之，聚合思维是把广阔的思路聚集成一个焦点的方法，相较发散思维而言，它更有方向性、更有范围、更有条理。正因如此，聚合思维对于在有众多可能性的结果中较为迅速地做出判断有着极大的帮助。

（一）聚合思维的基本特征（与发散思维相辅相成）

1. 封闭性

如果将发散思维喻为一个无限扩大的圆，那么聚合思维就给这个圆加上了边界。聚合思维意在框住天马行空的幻想，赋予幻想以变为实际的可能。

2. 聚焦性

发散思维要求以某个点为圆心，向外扩大成无限大的思维之圆；而聚合思维就是要从外部将思维之圆不断缩小，最终凝练成某个思想的焦点。聚合思维的聚焦性是一个化零为整、化繁为简、化多为一的过程，它的目的是在无数的思维可能性中提取最有实际价值的精华。

3. **务实性**

务实性是对聚焦性的承接。聚合思维的根本目的是针对某个问题在头脑风暴之后提出切实可行的对策或方案，提取出一个或几个凝练的思维点，最终应用于实际。务实性是聚合思维最终结果的特性，这对问题的解决而言也恰恰是最重要的。

4. **连续性**

相较发散思维的跳跃与变换，聚合思维更讲求理论论证与实际效度，所以思维间的联系更为紧密，逻辑也更为严谨。环环相扣、层层嵌套，展现出聚合思维的严谨。连续性也是聚合思维帮助我们一步一步解决问题的关键所在。

（二）聚合思维的具体方法

1. **归纳法**

归纳法是由英国哲学家培根首次提出的，具体而言，是一种由个别的知识得出一般性结论的思维方法。归纳法与前文提到的推断演绎法相对。为了让大家有一个更直观的理解，同样简单举例说明。

我养的小狗A喜欢吃骨头。

我同学家的小狗B喜欢吃骨头。

我亲戚家的小狗C喜欢吃骨头。

小狗D喜欢吃骨头。

小狗E喜欢吃骨头。

……

结论：狗喜欢吃骨头。

如此，大家是否对归纳法有基本的了解了呢？

2. **概括法**

概括法是指人脑在比较和抽象的基础上，把抽象出来的事物的共同本质特征综合起来，并推广到同类事物上去的思维方法。

四、 联想思维

联想思维是指根据一种事物的表象、特征或样态联想到其他事物的相似之处的思维活动。一般而言，联想思维是人们根据已有的某事、某物而产生相关思想的思维模式，“举一反三”“由表及里”“由内而外”都是联想思维的体现。

联想思维作为创新思维的表现形式之一，在人们的日常生活中最为普遍。唯物辩证法告诉我们，世界上一切事物都是相互联系的，联系具有客观性、普遍性与多样性。联系表现在日常生活中，是人与人、人与物、物与物的种种复杂相关性；而表现在思维层面，就是我们在这里所讨论的联想思维。

苏联心理学家哥洛万斯和斯塔林茨曾经用实验证明，任何两个词语都可以经过四五个步骤建立起联系。比如，高山和镜子，这是毫不相关的词语，通过联想思维可以使它们之间发生联系：高山——平地，平地——平面，平面——镜面，镜面——镜子；再如，天空和茶：天空——土地，土地——水，水——喝，喝——茶。这是一个颇为有趣的理论，我们无须费心去验证该理论的真伪，只需放飞思维去随意尝试，因为这个过程正是联想思维在我们脑海中发挥作用的过程。

联想思维所传达的信息，即是人的思想具有紧密的可迁移特性，它可以是连续的、形象的、概括的，同时又可以是跳跃的、具体的、发散的。

互动空间

关于二十六个字母的畅想

A：挺拔的大山，向上只有一个休息的小站。

B：人们啊，请不要满足于八分的收成。

C：永远圆不了，是因为每一次都半途而废。

D：天若有情天亦老，月如无弦月常圆。

E：向上的台阶，登高才能望远。

F：是一把智慧的钥匙，只送给钟情她的人。

G：运动员美的体形，来自于艰苦的锤打。

H：只有团结，你我才能并驾齐驱。

I：顶天立地，方显出有志者本色。

J：水里有铁制的鱼钩，人间何尝没有它。

K：交响乐的指挥，凝视着整个乐队。

L：一把不歇的锄头，开拓荒芜的土地。

M：低谷与险峰，构成多姿多彩的生活。

N：闪电，你成了预示雷雨的使者。

O：周而复始，但不是简单的重复。

P：不倒的旗帜。

Q：阿Q走了，儿子犹在，孙子也不绝。

R：到达成功的顶点，有曲线也有直线。

S：弯弯曲曲，人生之路。

T：力聚千钧，宁折不弯。

U：不是一张舒适的床，而是一个危险的坑。

V：是获胜的标志，还是逃兵投降的手。

W：波谷和波峰，都是人生的一种状态。

X：是四通八达的路标，还是禁止通行的封条。

Y：即使是一株幼苗，也知道向上的重要。

Z：放慢速度转弯，是为了以后的疾驶。

以上的联想是不是很精彩？你有没有产生与之不同的巧妙联想呢？

五、 辩证思维

辩证思维是反映和符合客观事物辩证发展过程及其规律性的思维。辩证思维的特点是在对象的内在矛盾的运动变化中对其各个方面的相互联系进行考察，以便从整体上、本质上完整地认识对象。

正因为辩证思维具有如此特性，它通常被认为是与逻辑思维相对立的一种思维方式。因为在逻辑思维中，事物一般是“非此即彼”“非真即假”；而在辩证思维中，事物可以在同一时间里“亦此亦彼”“亦真亦假”，彼此既互相对立又相辅相成，是一种颇为奇妙的思维模式。我国思想家老子的《道德经》中即充满了耐人寻味的辩证思维模式。古罗马时代的“雅努斯思维”则告诉我们凡事要一分为二，要面对事情的正反两个方面，从不同的角度辩证地来思考问题。

互动空间

在“联想思维”这一小节中我们提到了苏联心理学家哥洛万斯和斯塔林茨有趣的

联系理论，下面我们根据就这一理论来做几个简单的尝试，看大家是否能在五个步骤之内将随意的五组毫无关联的词联系到一起。

①鞋子——书架

②洗碗——地板

③吵架——外套

④诗词——丝绸

⑤手机——纸巾

这几个小问题没有固定答案，大家在思考之余不妨与身边的朋友一同交流分享，期待你们思维碰撞的火花！

互动空间

苏格拉底的除草法则

苏格拉底带着他的学生漫游天南海北。一天，他们到了一片旷野，大家在草地上坐了下来。苏格拉底对学生们说：“现在，你们都已是饱学之士，马上就可以从我这里毕业了。作为对你们的最后一次考试，我问你们一个问题——这片旷野长满了草，那我要问，你们会如何除掉这些杂草?”学生们对这个问题很诧异，因为他们学的是哲学，而这个问题应该是那些农民就可以解决的。这个问题实在是大大出乎他们的意料，一直探讨人生奥秘的老师的最后一次考试竟如此简单。于是，学生们争先恐后地回答。有的说用铲子铲，有的说洒石灰水，有的说用镰刀割掉会省力些，有的说用火烧更省心，还有的说翻地挖草根最彻底。苏格拉底站了起来，说：“那好，现在你们就按各自的方法除一片杂草。我们明年再来这里，看看谁的答案更好。”

一年后，学生们都来了。在他们除草的地方已不再是杂草丛生，不过还是参差不齐地长着一些小草，在风中摇摆。而另一块地方不是他们除草的区域，那里不但没有杂草，而且旺盛地长着绿油油的麦苗。在那块地方的正前方摆放着厚厚的一摞书，他们凑上去看，那是老师的著作。在这摞书的上面还压着一张纸条，上面写着：“要想除掉旷野里的杂草，最好的办法就是在上面种上庄稼；要让灵魂没有纷扰，最好的办法就是用美德去占据。”

拓展阅读

苹果手机的创新之路

提到苹果手机，我们似乎有着说不完的话题。但在这里我们不谈乔布斯、不谈苹果公司的发展史，而是要带领大家把目光转移到苹果手机的创新之路上。

下面是对苹果手机自第一代至最新一代的技术创新点的列举。

1. 2007 年第一代 iPhone，首次采用了电容技术的多点触摸 Multi-Touch 技术，并引来了整个手机行业的效仿。

2. 2010 年的 iPhone 4 配备了 Retina 视网膜显示屏和 IPS 屏幕技术，每平方英尺像素点达到 331，而此前的手机大概只有 115，这是显示效果的极大飞跃，Retina 技术继而又引来了整个手机行业的效仿。

3. 2011 年 10 月，iPhone 4S 发布，创新是 Siri。

4. 2013 年的 iPhone 5S 配备了 Touch ID 指纹识别传感器，是第一个真正意义上的指纹识别技术。从此，指纹识别技术逐渐被其他手机品牌所采纳。

5. 2013 年的 iPhone 5S 配备了 True Tone 双色闪光灯，极大地改善了低照明条件下的闪光灯光线不自然问题。并引起全行业的跟风。与此同时，iPhone 5S 配备了全新 A7 处理器，是第一款移动端的 64 位处理器。

6. 2014 年 9 月，iPhone 6/6 Plus 发布，创新是 Apple Pay，更大尺寸的显示屏刷新了人们对手机的认识。

7. 2017 年 9 月，iPhone 8/8 Plus 发布，创新点在于无线充电，另外在 A11 处理器上加入了 AI 功能。同时 iPhone X 发布，创新是人脸识别、刘海屏幕。

8. 2018 年 9 月 13 日凌晨，最新的 iPhone XR、XS 系列在 2018 年苹果秋季新品发布会上正式发布，除了能将 6.5 英寸超大视网膜 OLED 显示屏纳入同 iPhone 8 Plus 大小近似的机身中之外，代表目前苹果最强处理器的 A12 仿生芯片是全新 iPhone 系列的又一亮点。

纵观苹果手机的发展历程，它的每一代新产品身上都洋溢着闪闪发光的创新思维。如今，苹果公司仍然行走在发展创新的道路上。

任务三　创新思维训练

任务导入

曾经有一天，有一位香港居民翻开当日的报纸，看到有一个版面竟然是空白的。他以为是报社漏印了，又仔细看了一下，发现这个空白版面的中央有几个很小的字母“HRC”。购买当日报纸的读者们都看到了这个空白版面，觉得有些莫名其妙，很想知道“HRC”究竟是什么意思。

而后连续几天，报纸都出现了同样的莫名其妙的印刷。终于有一天，有读者耐不住好奇，打电话问报社：“你们是在搞什么名堂？HRC究竟是什么东西？”电话那头的报社人员神秘地表示请拭目以待。

就在大家都在关注“HRC”是什么的时候，终于有一天，版面上出现了大家都想知道的答案——原来这是一个手表品牌。于是在很短的时间内，大部分香港居民都熟知了这个品牌的手表。

【启示】如果同其他品牌广告一样循规蹈矩地登上报刊，虽然占据的版面是同样大小，但起到的功效却远非上述做法能比。生产HRC手表的公司巧妙地抓住了人们的好奇心，充分吊起人们的胃口，起到了事半功倍的效果。此种做法的实施实属创新思维的成功范例。

经过前两个任务的具体解读，相信大家已经对创新思维有了大致的了解。那么，常用的创新思维训练方法都有哪些呢？我们应如何准确地把握这些训练方法并将其成功运用于我们的生活实际？本任务将聚焦这一问题，将德尔菲法、头脑风暴法等四种较有代表性的创新思维训练方法一一为大家呈现。

创新思维训练方法是多种多样的，我们不妨在理解中把握、在把握中感悟。说不定你会受下列训练方法启发，迸发出更具有创新性的灵感！

一、创新思维训练方法

雨果曾经这样说：“即使你成功地模仿了一个有天才的人，你也缺乏他的独创精神，这就是他的天才。我们来赞美大师吧，但不要模仿他们。还是让我们别出心裁吧，如果成功了，当然很好，如果失败，又有什么关系呢？”

别出心裁、内心饱含着创新的精神，这永远都是真正追逐创新的人所应具备的品质。在内心点燃创新的火苗后，又需要用何种恰当的方法帮助这火苗继续燃烧呢？下面所要介绍的这几种创新思维训练方法，或许恰有你所需要的。

（一）德尔菲法

德尔菲法又称专家调查法，其基本内涵为：就同一个问题，成员匿名发表意见，不得相互讨论，不得产生横向联系，只能与工作人员或调查人员进行沟通、交流，经过反复征询、修改与总结，得出有关该问题的基本一致的结论或看法。这种方法在20世纪40年代由戈登和赫尔默创立，并由美国的兰德公司开始实施。

关于德尔菲法，有两个真实的故事。

故事一：1946年，兰德公司为避免集体讨论中存在的少数服从多数或者部分人屈从于权威的现象，首次采用这种方法进行定性预测。参与意见讨论的成员们彼此匿名，通过调查人员传递自己的意见或方法，经过多轮的调查和反复的意见采集、征询与归纳，最终得出较为一致的问题处理办法。这种方法的具体实施可以说将民主的意见征询真正发挥到了最大化。

故事二：20世纪中期，当美国政府欲发动朝鲜战争的时候，兰德公司采用同样的方法向美国政府提交了一份意见报告，报告的结论是如果发动这场战争，战争的结局是美国必将失败。但美国政府对此意见报告置之不理，战争的结果是美国失败了。

德尔菲法以其匿名、公正、严谨的流程得到越来越多的支持与推广。

1. 德尔菲法的具体实施步骤

在对德尔菲法的流程进行系统介绍前，我们首先要了解到，在整个流程中实际上有组织者(或调查人员)和讨论者两部分人参与其中。完整的德尔菲法流程需要在讨论者互相保持匿名的状态下，走完以下五个步骤。

(1)开放性的首轮调研

在此步骤中，组织者向讨论者提供讨论的问题、背景材料以及相关要求，讨论者根据现有的资料提出自己的预测意见或建议。

(2)评价性的二轮调研

在此步骤中，组织者将第一轮中各位讨论者的意见汇总成表格，进行对比，并发给各位讨论者。讨论者可以根据表格的情况，将自己和他人的结果进行基本比较，在此基础上给出第二轮的预测意见。

(3)重申性的三轮调研

在此步骤中，重复上一步骤的基本流程。组织者将二次修改后的讨论者意见再次制定成表格，发给各位讨论者。讨论者要在此基础上就同一问题其他人的不同观点做出合理的修订或调整，当然也可以坚持己见。再一轮的意见调整过后，所有讨论者给出第三轮的预测意见。

(4)复核性的四轮调研

经过三轮的调研，讨论者已经对自己和他人的意见有了大致的了解。此时组织者将第三轮的预测意见的表格结果发放给讨论者，讨论者在合理斟酌的基础上最终敲定一个或几个结论，不再变更，并提交给组织者。

(5)得出具有统一性的结论

经过四轮的意见调研，组织者最终收集到的有关具体问题的意见或信息往往是高度精练化或者系统化的。此时组织者需要综合所有系统化的意见或答案，针对所提出的问题，选择一个或一系列的最终答案。

德尔菲法的核心操作流程即是逐轮收集意见并提供相应的反馈信息。要注意的是，以上流程仅代表了操作的大概，或许有的问题只需一轮调研便能敲定统一的答案，而有的问题则需要更多耐心谨慎的调研流程。德尔菲法因其匿名、严谨、系统化、精练化的特点而广受好评。

互动空间

根据德尔菲法的内涵与具体操作流程，思考如下两个小问题。

①德尔菲法的完整实施对组织者与讨论者有着怎样的要求？

②你认为德尔菲法有着怎样的优点与缺点？

（开放性问题，建议与周围的小伙伴一同分享你的观点）

（二）头脑风暴法

头脑风暴法源于头脑风暴一词，最早是精神病理学术语，指精神病患者在精神错乱状态下的胡言乱语，现在更多的是指不加限制的思维活动联想与讨论，其目的在于产生新观念或激发人们的创新思想。头脑风暴法是在1939年由美国BBDO广告公司的奥斯本首创的，该方法旨在让小组中的不同成员在融洽的、不受任何限制的气氛中以会议形式进行讨论、座谈，在整个过程中成员们可以畅所欲言，充分发表自己的看法。

头脑风暴法可以有效地帮助人们产生相关的联想，进而激发人们进一步思考的热情。在天马行空的思维碰撞中，人们会因为思维的差异而产生不同的理解，而这种差异的存在正是合理的竞争产生的基础。人们在竞争状态中的思维是高度活跃的，正因如此，许多先前未曾产生过的新鲜想法有机会在此时迸发，许多不同的思维也有机会在竞争中取长补短，甚至创造出新的思路。由此可见，头脑风暴法需要自由而积极的小组合作空间，鼓励每个成员自由发言，尽可能多地提出所能想到的任何设想，从足够大的基数中提炼高质量的讯息。从这个角度来说，头脑风暴法是发散思维与聚合思维的最佳结合。

（三）六顶思考帽法

六顶思考帽法是英国学者爱德华・德・博诺开发的一种思维训练方法，这种方法为我们提供了“平行思维”的工具，避免将时间浪费在互相争执上，可以就“能够成为什么”进行强调。六顶思考帽法为我们塑造了一个聚焦于特定方向的独具特色的模式，它强调团体中每个人思考的价值，有效减少了就相同的问题产生的无意义纠纷。在某种程度上而言，六顶思考帽法为我们产生清晰的讨论思路提供了不可多得的助力。

六顶思考帽法是指使用六顶不同颜色的帽子代表六种不同的思维模式，任何人都有能力使用以下六种基本思维模式。

白色思考帽

白色是中立而客观的。戴上白色思考帽，人们思考的是关注客观的事实和数据。

绿色思考帽

绿色代表萋萋芳草，象征勃勃生机。绿色思考帽寓意创造力和想象力，具有创造性思考、头脑风暴、求异思维等功能。

黄色思考帽

黄色代表价值与肯定。戴上黄色思考帽，人们从正面考虑问题，表达乐观的、满怀希望的、建设性的观点。

黑色思考帽

戴上黑色思考帽，人们可以运用否定、怀疑、质疑的看法，合乎逻辑地进行批判，尽情发表负面的意见，找出逻辑上的错误。

红色思考帽

红色是情感的色彩。戴上红色思考帽，人们可以表现自己的情绪，还可以表达直觉、感受、预感等方面的看法。

蓝色思考帽

蓝色思考帽负责控制和调节思维过程，控制各种思考帽的使用顺序，规划和管理整个思考过程，并做出结论。

六顶思考帽法经过系统而有效的检验，在涉及不同领域的小组作业或合作中取得了不俗的成效。今后在涉及多人的合作中，我们或许可以采用此种思维训练方法来一探其成效。

（四）质疑思维法

质疑精神是一种源远流长的哲学思想，早在 16 世纪就有法国著名哲学家蒙田对其加以论述和支持。而现代最伟大的质疑精神支持者是 18 世纪英国著名的经验主义哲学家大卫·休谟。哲学思想乃是一切思维的源头活水，故我们完全可以说，哲学思想为质疑思维法提供了理性的支持。

运用质疑思维法，需要注意以下两点。

第一，质疑不是盲目提出疑问，而是要在把握全局、理性思考的基础上提出自己的迷惑、不同的见解乃至批判。都说最了解你的人往往是对手，《孙子·谋攻》说：“知彼知己，百战不殆。”质疑思维的出发点亦是如此。

第二，要见微知著、胆大心细。质疑思维存在于方方面面，建立在自己理性的思考上，在问题的任何一个环节、任何一个组成部分都有可能产生不同于他人的见解。因此，在有质疑精神的同时，我们要牢记：心有猛虎、细嗅蔷薇，敢于并善于抓住每个思维的节点，才有可能从质疑中迸发出全新的灵感。

拓展阅读

詹天佑与京张铁路

詹天佑，字眷诚，江西婺源人，1861年出生在一个普通茶商家庭。儿时的詹天佑对机器十分感兴趣，常和邻里孩子一起用泥土仿制各种机器模型。有时，他还偷偷地把家里的自鸣钟拆开，摆弄和琢磨里面的构件，提出一些连大人也无法解答的问题。1872年，年仅12岁的詹天佑报考了清政府筹办的“幼童出洋预习班”。考取后，他的父亲在一张写明“倘有疾病生死，各安天命”的出洋证明书上画了押。从此，他辞别父母，怀着学习西方“技艺”的理想，来到美国就读。

在美国，出洋预习班的同学们目睹北美西欧科学技术的巨大成就，对火车、轮船及电信制造业等的迅速发展赞叹不已。有的同学由此对中国的前途产生悲观情绪，詹天佑却怀着坚定的信念说：“今后，中国也要有火车、轮船。”他怀着为祖国富强而发奋学习的信念，于1878年以优异的成绩毕业于纽黑文希尔豪斯中学，同年5月考入耶鲁大学土木工程系，专攻铁路工程。在大学的四年中，詹天佑刻苦学习，以突出成绩在毕业考试中名列第一。1881年，在120名回国的中国留学生中，获得学位的只有两个人，詹天佑就是其中的一个。

回国后，詹天佑满腔热忱地准备把所学本领贡献给祖国的铁路事业。但是，清政府洋务派官员迷信外国，在修筑铁路时一味依靠外国人，竟不顾詹天佑的专业特长，把他差遣到福建水师学堂学驾驶海船。1882年11月，詹天佑又被派往旗舰“扬武”号担任驾驶官，指挥操练。1883年，中法战争爆发，第二年，蓄谋已久的法国舰队陆续进入闽江，蠢蠢欲动。可是主管福建水师的投降派船政大臣何如璋却不闻不问，甚至下令：“不准先行开炮，违者虽胜亦斩!”这时，詹天佑便私下对“扬武”号管带(舰长)张成说：“法国兵船来了很多，居心叵测。虽然我们接到命令，不准先行开炮，但我们决不能不预先防备。”由于詹天佑的告诫，“扬武”号十分警惕，做好了战斗准备。当法国舰队发起突然袭击时，詹天佑冒着猛烈的炮火，沉着机智地指挥“扬武”号左来右往，避开敌方炮火，抓住战机用尾炮击中法国指挥舰“伏尔他”号，使法国海军远征司令孤拔险些丧命。对这场海战，上海英商创办的《字林西报》在报道中赞叹：“西方人士料不到中国人会这样勇敢力战。‘扬武’号兵舰上的五个学生，以詹天佑的表现最为勇敢。他临大敌而毫无惧色，并且在生死存亡的紧要关头还能镇定如常，鼓足勇气，在水中救起多人……”

之后詹天佑几经周折，转入中国铁路公司，担任工程师，这是他献身中国铁路事业的开始。

刚上任不久，詹天佑就遇到了一次考验。当时从天津到山海关的津榆铁路修到滦河，要造一座横跨滦河的铁路桥。滦河河床泥沙很深，又遇到水涨急流。铁路桥开始由号称世界第一流的英国工程师担任设计，结果失败了；后来请来日本工程师，也没有成功；最后让德国工程师出马，不久也败下阵来。詹天佑要求由中国人自己来搞，负责工程的英国人在走投无路的情况下，只得同意让詹天佑来试试。

詹天佑是一个认真踏实的人，他分析总结了三个外国工程师失败的原因后，身着工作服与工人一起实地调查，精密测量。夜晚，借着幽暗的油灯，又仔细研究滦河河床的地质构造，反复分析比较，最后才确定桥墩的位置，并且大胆决定采用新方法“压气沉箱法”来进行桥墩的施工。詹天佑果然成功了，滦河大桥建成了。这件事震惊了世界：一个中国工程师居然解决了三个外国工程师无法完成的大难题。

詹天佑初战告捷后，立刻遇到了更为严峻的考验。1905 年，清政府决定兴建京张铁路(北京至张家口)，英俄都想插手，由于中国人民的强烈反对，他们的企图没能得逞。英俄使臣以威胁的口吻说：“如果京张铁路由中国工程师自己建造，那么与英俄两国无关。”他们原以为这么一来，中国就无法建造这条铁路了。在这关键时刻，詹天佑毫不犹豫地接下了这个艰巨的任务，全权负责京张铁路的修筑。消息传来，一些帝国主义分子及英国报刊挖苦说：“中国能够修筑这条铁路的工程师还在娘胎里没出世呢！中国人想不靠外国人自己修铁路，就算不是梦想，至少也得五十年。”他们甚至攻击詹天佑担任总办兼总工程师是“狂妄自大”“不自量力”。詹天佑顶着压力，坚持不任用一个外国工程师，并表示：“中国地大物博，而于一路之工必须借重外人，我以为耻！”“中国已经醒过来了，中国人要用自己的工程师和自己的钱来建筑铁路。”

1905 年 8 月，京张铁路正式开工，紧张的勘探、选线工作开始了。詹天佑带着测量队，身背仪器，日夜奔波在崎岖的山岭上。一天傍晚，猛烈的西北风卷着沙石在八达岭一带呼啸怒吼，刮得人睁不开眼睛。测量队急着结束工作，填个测得的数字，就从岩壁上爬下来。詹天佑接过本子，一边翻看填写的数字，一边疑惑地问：“数据准确吗？”“差不多。”测量队员回答说。詹天佑严肃地说：“技术的第一个要求是精密，不能有一点模糊和轻率，‘大概’‘差不多’这类说法不应该出于工程人员之口。”接着，他背起仪器，冒着风沙，重新吃力地攀到岩壁上，认真地复勘了一遍，修正了一个误差。当他下来时，嘴唇都冻青了。

不久，勘探和施工进入最困难的阶段。在八达岭、青龙桥一带，山峦重叠，陡壁悬岩，要开四条隧道，其中最长的达一千多米。詹天佑经过精确测量计算，决定采取分段施工法：从山的南北两端同时对凿，并在山的中段开一口大井，在井中再向南北两端对凿。这样既保证了施工质量，又加快了工程进度。凿洞时，大量的石块全靠人工一锹锹地挖，涌出的泉水要一担担地挑出来，身为总工程师的詹天佑毫无架子，与工人同挖石、同挑水，一身污泥一脸汗。他还鼓舞大家说：“京张铁路是我们用自己的人、自己的钱修建的第一条铁路，全世界的眼睛都在望着我们，必须成功！”“无论成功还是失败，绝不是我们自己的成功和失败，而是我们国家的成功和失败！”

为了克服陡坡行车的困难，保证火车安全爬上八达岭，詹天佑独具匠心，创造性地运用“折返线”原理，在山多坡陡的青龙桥地段设计了一段人字形线路，从而减少了隧道的开挖，降低了坡度。列车开到这里，配合两台大马力机车，一拉一推，保证列车安全上坡。

詹天佑对全线工程曾提出“花钱少，质量好，完工快”三项要求。京张铁路经过工人们艰苦奋斗，终于在1909年9月全线通车。原计划六年完成，结果只用了四年就提前完工，工程费用只及外国人估价的五分之一。一些欧美工程师乘车参观后啧啧称道，赞誉詹天佑了不起。但詹天佑却谦虚地说：“这是京张铁路一万多员工的力量，不是我个人的功劳，光荣是应该属于大家的。”

项目训练营

训练一

“不！一定是乐谱错了！”

小泽征尔是当代日本著名的指挥家，他与印度指挥家祖宾·梅塔和新加坡指挥家朱晖一起被誉为世界三大东方指挥家。年轻时他曾去欧洲参加一个指挥家大赛，在进行前三名决赛时，他被安排在最后一个参赛，评判委员会交给他一张乐谱。小泽征尔以世界一流指挥家的风度，全神贯注地挥动着他的指挥棒，指挥乐队演奏着动人的乐章。

在演奏过程中，小泽征尔突然发现乐曲中出现不和谐的地方。开始，他以为是演奏家们演奏错了，就指挥乐队停下来重奏一次，但仍觉得不自然。这时，在场的作曲家和评判委员会权威人士都郑重声明乐谱没问题，这只是小泽征尔的错觉。他被大家弄得十分难堪。

在这庄严的音乐厅内，面对几百名国际音乐大师和权威，他不免对自己的判断产生了动摇。但是，出于对乐感的自信，他考虑再三，坚信自己的判断是正确的。于是，他大声喊道："不！一定是乐谱错了！"

喊声一落，评判台上那些高傲的评委们立即站立，向他精准的判断报以热烈的掌声，祝贺他大赛夺魁。

原来，这是评委们精心设计的圈套。前面的选手虽然也发现了问题，但是在专家和评委面前放弃了自己宝贵的意见，同时也与冠军失之交臂。小泽征尔对自我的坚持以及勇于质疑的精神，帮助他赢得了比赛，更获得了大家的尊重。

思考：小泽征尔的故事带给我们怎样的启示？

训练二

终结于圣赫勒拿岛

拿破仑在滑铁卢战役失败之后，被终身流放到圣赫勒拿岛。他在岛上过着十分孤独和寂寞的生活。后来，拿破仑的一位密友秘密赠给他一副国际象棋。这位赫赫有名的囚犯对这副精致而珍贵的国际象棋爱不释手，常常一个人默默地下棋，打发着孤独和寂寞的时光，直至慢慢地死去。拿破仑死后，那副国际象棋多次被高价转手拍卖。

有一天，国际象棋的持有者偶然发现一个棋子底部是可以打开的。当这个人打开这个棋子的底部后，不禁惊呆了，里面竟有一份如何从圣赫勒拿岛逃生的详细计划。可是，拿破仑没有领悟到朋友的良苦用心和国际象棋中的奥秘，他大概做梦也不会想到，自己最后竟然死在常规思维的陷阱里。

如果拿破仑能用南征北战时兵不厌诈的思维方法来思考一下国际象棋可能蕴含的其他功能，上帝很可能会再一次向他祝贺与微笑。

思考：这则小故事为我们展现了思维定式带来的不幸后果。如果时光倒流，你仍有机会向在狱中的拿破仑传递逃生计划，你将会怎样开展行动？不妨设计一个较为详细的行动计划，并和大家一同分享！

训练三

“丑陋”招财

美国艾士隆公司董事长布希耐一次在郊外散步，偶然看到几个小孩在玩一只很脏且异常丑陋的昆虫，爱不释手。布希耐顿时联想到：市面上销售的玩具一般都是形象优美的，假若生产一些“丑陋玩具”，又将如何？于是，他布置自己的公司研制一套“丑陋玩具”，迅速向市场推出。

这一炮果然打响，“丑陋玩具”给艾士隆公司带来了收益，使同行羡慕不已。于是“丑陋玩具”接踵而来，如“疯球”就是在一串小球上面印上许多丑陋不堪的面孔；橡皮做的“粗鲁陋夫”长着枯黄的头发、绿色的皮肤和一双鼓胀而带血丝的眼睛，眨眼时会发出非常难听的声音。这些“丑陋玩具”的售价超过正常玩具，但一直畅销不衰，而且在美国掀起了行销“丑陋玩具”的热潮。

“丑陋”的灵感获得商业成功，为艾士隆公司广开财源，其根本原因就是抓住了两种消费心理：追求新鲜和逆反心理。

思考：结合本项目的任务二，在上述的小故事中，你可以感受到哪些不同的创新思维方式？

PROJECT 2

项目二
创新创业精神

PROJECT 2

认知目标

了解创业者关键的心理特质。

了解创新创业精神的本质及特征。

素养目标

了解创新创业前的心理准备。

掌握创新创业精神的来源及其作用。

运用目标

学会分析创业案例，剖析创新创业精神。

学会培养自己的创新创业精神。

任务一　创新创业心理

任务导入

很多创业者在创业的道路上，都有过“惊险一跳”的经历。这一跳成功了，功成名就；要是跳不成，就只好从头再来。当年周枫带人做婷美，一个500万元的项目做了2年多，花了440万元还是没有做成。眼看钱就没了，合作伙伴都失去了信心，要周枫把这个项目卖了。周枫说，这样好的项目不能卖，要卖也要卖个好价钱。合作伙伴说，这样的项目怎么能卖到那么多钱，要不然你自己把这个项目买下来算了。周枫就花5万元钱把这个项目买了下来。原来大家一起还有个合伙公司，作为代价，周枫把在这个合伙公司的利益也全部放弃了，据说损失有几千万元。单干的周枫带着23名员工，把自己的房子抵押后，跟几个朋友一共凑了300万元。他把其中5万元存在账上，另外的钱他算过，一共可以在北京做两个月的广告，从当年的11月到12月底。他告诉员工，这回做成了咱们就成了；不成，你们把那5万元分了，当是你们的遣散费，我不欠你们的工资，咱们就这样了！这些话让员工十分感动，当时人人奋勇争先、个个无比卖力。结果婷美成功了，周枫成了亿万富翁，许多员工也成了千万富翁。

【启示】现在很多大学教授、市场专家分析周枫和婷美的成功有诸多原因，其实事情没有这么复杂。说白了，不过是一个合适的产品，加上一个天性敢赌的领导和一些合适的营销手段，才有了这样一桩成功的案例。周枫的成功是因为他拥有创业者关键的心理特质。

在创新创业过程中，创业者始终是一个最核心的因素。创业者善于识别和抓住机会，并将这些机会转化成有市场价值的理念，通过投入时间、努力、金钱和技能去增加价值；通过承担执行这些理念的市场竞争的风险，力争从他们的努力中获取回报。

一、创业者关键的心理特质

创业特质论以奥尔波特的特质理论为依据。该理论认为，创业者特质是稳定的、习惯化的反应方式和行为风格，它贯穿于创业者的整个心理，是创业者独特性的整体写照。

特质论者认为，创业者拥有与他人不同的特质，这些不同主要表现在成就需求、控制点、风险承担倾向和自我效能感方面。甚至有学者认为，如果某人具有创业者特质，他总能够找到自己的方法去创业，不管环境情况如何。

（一）较高的成就需求

莫瑞认为，成就需求是指个人想要尽可能地把事情做好的一种欲望或倾向。

麦克利兰把成就需求作为创业者区别于非创业者的一个显著特质。他将成就需求定义为：希望做好的欲望，主要不是为了社会承认或声望，而是为了内在的个人自我实现。与非创业者相比较，创业者具有较强的成就需求。

杰克逊等学者认为，成就需求由想要获得专家肯定、想要赚钱、想要靠自己成功、想要受人尊重、想要争胜、想要成为优秀六个要素组成。

成就需求是创业者身上经常会表现出的一个重要特质。具有较高成就需求的创业者都是一些做事很主动的人，他们心里那种想要同人竞争、超越现有标准去追求具有挑战性的目标的强烈欲望驱动着他们去创业。

一般来说，成就需求包括以下几点。

第一，个体为完成困难工作的欲望。

第二，操控或组织事物、人物或思想的欲望。

第三，尽快且独立地做好的欲望。

第四，克服障碍且达到高标准的欲望。

第五，超越自己的欲望。

第六，超越且胜过别人的欲望。

第七，使得个人才能通过学习而增进自我尊重的欲望。

需要明白的是，较高的成就需求并不一定会导致创业。因为创业者要经过权衡，确定创业所带来的预期收益大于可能出现的风险，才会采取行动去创业。过高的创业风险会使创业者放弃创业。

（二）内控型人格

控制点的概念由社会心理学家罗特提出，属于认知的范畴。它不再局限于对任务的控制感，而是将这种控制感扩散到生活的各个方面。

很多学者的研究表明，创业者比非创业者倾向于有更高的内部控制力。成功的创业者都非常相信自己，他们不相信创业冒险的成败是由命运、运气或者相类似的力量所主宰，成就和挫折都在他们的控制和影响范围内，他们能影响自己行动的结果。

具备内控型人格的人是只相信自己对结果有重大影响的人。内控型的人认为许多事情的结果是因为自己的原因而引发的，认为自己的付出和努力可以改变许多事情。即便是在无法改变的情况下，也可以通过其他方式来达到目的。内控型的人常常这样描述自己："我身上发生的事很大程度上取决于我自己所做的决定和我付出的努力。我相信我总是能够找到办法解决我的问题。我相信，我所做的与所得到的两者之间、我付出的努力与所得到的回报两者之间有关系。同时，当我不能影响发生的事情的时候，我仍然可以决定让周围的环境以何种方式来影响我。"

相反，外控型的人常常将许多事情归结为外部的原因，认为人的快乐和痛苦是无法自主的，且都在他人或是命运的主宰下，外控型的人经常会这样说："命运不是自己说了算的，我对发生在我身上的事无能为力。我的快乐和痛苦也不是我能决定的，这取决于别人或命运。"

外控型的人认为决定性的力量不在自身，而在外部，所以他们对自身价值的判断和对自己行动的选择很大程度上依赖于别人的看法。

形成内控型、外控型人格的原因主要有：文化差异、社会经济水平的差异以及父母养育方式的差异等。

（三）较高的风险承担倾向

创新创业过程中存在的风险非常高，创业者抱着对未来的美好预期展开行动，必须面对来自市场、消费者、供应商、融资渠道、环境等方面的各种不可知和不确定性，只有那些愿意承担风险的个体和企业才有可能生存和成功。因此，创业者比非创业者具有更高的风险承担倾向。

所谓风险承担倾向是指个体接受或回避风险的倾向性，这是最早被识别出来的创业者的个性特征。早在18世纪，坎狄龙就认为资本家和创业者的不同在于创业者承担了公司的风险。米尔也认同坎狄龙的观点，认为创业者与经理最根本的区别就在于创业者承担了风险。奈特更是直接把创业者定义为不确定性的管理者。需要说明的是，将风险承担倾向当成创业者个人特质的观点受到了一些批评。因为尽管有很多研究证实创业者具有高风险行为倾向，但也有另一些研究表明创业者在风险承担倾向方面与其他群体并没有什么区别。这些分歧可能是由于不同研究对风险承担倾向的定义和使用的测量工具不同造成的，也可能是由于不同研究对象在风险承担能力方面的差异造成的。综合而言，创业是一种高风险行为，有人甚至认为创业者是“赌徒”。创业者往往在资源高度约束的情况下开展创业活动，不管是否愿意，他们毫无疑问要承担一定的风险。

（四）高自我效能感

班杜拉提出的自我效能感是人们对自己是否能够成功达到某一行为结果的行为能力的判断。他发现，即使个体知道某种行为会导致何种结果，也不一定去从事这种行为或开展某项活动，而是要推测一下自己行不行、有没有实施这种行为的能力和信心。

简单地说，自我效能感表示的是一个人的自信程度。高自我效能感的人面对压力时更加自信，能以积极的方式应对压力。自我效能感对个体潜能的发挥具有关键性的决定作用，它是人的主体因素的核心，并渗透于人类机能活动的各个方面，决定着个体人生事业的成败乃至在日常生活中幸福与否。因此，很多研究者将这一概念引入创业领域，并提出了创业自我效能感的概念。

创业自我效能感是指一个人能够成功地扮演和完成创业者角色的信念的强度。创业是对未知领域的探险，创业者必须表明他们不仅相信自己，而且相信他们正在追求的事业，并以此来感染和说服他人、取得信任，这对于事业是否能够成功十分重要。

影响自我效能感形成的因素主要有：个人自身行为的成败经验、替代经验、言语劝导、情绪反应和环境条件。

二、 做好创业前的心理准备

创业的过程是艰辛的，创业的结果却不一定是成功的。创业是一项具有风险的、需要创业者长期坚持并付出努力的活动。创业者在进行创业前，应该有良好的心理准备，不要因为后期的压力或挫折半途而废。

（一）胆识和魄力

创业者在创业前，要具备一定的胆识和魄力，要勇于尝试新的事物，拥有坚定的信念、执着的精神，才能在变幻莫测的市场动向中把握住机会。“一个人只有承担大风险，才能获得大成功。”当然这不是无谓的冒险，而是一个有胆识的人在面对常人认为不可行的事情时，审时度势，看到危险中蕴藏的机遇，具有勇于出手的气魄。

纵览历史，能够在人类历史长河中留下耀眼光辉的人，都拥有非凡的胆识和魄力，比如亚历山大大帝、恺撒、成吉思汗、拿破仑等。而现代社会中，像霍英东等商界泰斗，也都是具有独到的眼光、敢冒风险、拥有过人气魄的人。

（二）自信

对于大多数创业者来说，创业并不是永远顺利的，它可能充满艰辛和坎坷。但不管怎样，创业者首先要相信自己能够创业成功，要相信自己的选择是正确的。

（三）毅力和坚持

创业者要不畏惧创业过程中遇到的任何问题。既然立志通过创业改变自己，就要始终坚持自己的目标，通过坚韧的毅力、矢志不渝的努力来应对各种挫折。人生没有永远的失败，也没有战胜不了的困难，要坚信“风雨过后一定会有彩虹”。

（四）耐心

创业的过程不仅艰辛，而且漫长，要想在短时间内看到效果，对大多数企业来说是不现实的。这意味着创业者需要保持良好的耐心，首先要有长期创业的思想准备，然后将自己的精力全部投入其中。

在遇到问题时，创业者应该冷静面对、认真分析、逐项解决，决不能由于某个环节上出现问题而产生浮躁情绪、怨天尤人，或者只找客观原因、忽视主观检讨，要避免“欲速则不达”。

三、 大学生创新创业心理现状分析

随着国家经济结构转型的深化，大学生就业的市场环境也发生了很大变化。创新创业政策的提出，给大学生的就业带来了机遇和挑战。大学生创新创业心理存在着以下几种现状。

（一）对创新创业政策的观望心理

创新创业政策是新生事物，很多大学生对相关内容了解不足，更倾向于相对稳定的国家行政单位和大中型企业，对于创新创业抱有观望心理。

（二）渴望创业环境

“大众创业、万众创新”的政策对于鼓励大学生创新创业起到了很大的作用，但是在国家市场经济发展和结构转型的过程中，创业环境依然存在一些不和谐的因素，与大学生创业相关的配套政策与制度有待进一步健全和完善。很多地方大学生创业的“雷声大雨点小”，大学生很难得到有效的创业指导和政策扶持，创业鼓励缺乏一定的精准度和规范力。这些问题的出现导致大学生希望创业环境更加规范和标准。

（三）对创业价值追求的功利心理

创业价值观是人生观的内容之一，也是职业价值观的具体体现。创业价值观很大程度上影响大学生创新创业的行动力。受一些社会不良思想的影响，一些大学生过于注重物质化和利益化，功利性过程导致创业价值观出现偏差。他们以工作实惠、生活安逸为最高职业选择标准，缺少理想主义和奋斗情怀。据调查分析，大学毕业生中认可创业能够服务他人、改善社会，有利于实现个人更高价值的人只占一小部分。功利心理的大量存在阻碍了大学生创新创业事业的发展。

（四）创业动力不足的求稳心理

国家的宏观引导、社会就业的保障、高校职业价值观等外在因素，都有可能形成创业动力。当前经济增长持续趋缓，大学毕业生社会阅历和工作经验较少，对市场行情把握不准，担心受到挫折和失败。同时，一些高校对国家政策、社会岗位需求等把握不准，在人才培养上做不到与社会需求发展相匹配，导致大学生创新创业知识体系滞后，使得大学生倾向于制定更加安稳的职业发展规划，这种求稳的就业心理影响了创业动力的形成。

四、 新时期提升大学生创新创业心理素质的对策建议

（一）准确定位个体创业的立足点

第一，大学生面对创新创业问题，要认清当前创新创业及就业环境，在激烈的

就业环境下不断提升自己的知识能力和心理素质，为自己创造更多的就业机会。考虑市场需求状况，结合实际选择创新创业方向。

第二，高校帮助大学生准确定位个体创业的立足点，消除大学生的疑虑和观望心理。帮助大学生找准创新创业的进入点，考虑好在哪个区域、做什么、怎么做、达到哪个目标等问题。指导大学生对意向市场进行分析，做好实地调研，掌握市场行情。

第三，地方政府要加大从物质和精神两方面提供创业扶持的力度，完善创新创业培训机制，加强对大学生创业的信息和引导服务。通过对大学生创业区域、内容、路径的有效引导，使大学生逐步了解市场，克服创新创业无门的心理障碍。

（二）多方联动塑造健康创业价值观

第一，政府应建设良好的创新创业环境，通过加强创新创业市场的法规体系建设，为创新创业活动提供行为规范和机制保障，保证大学生创新创业市场的有序运转，打消大学生对创新创业的心理顾虑。

第二，高校加强与教育部门以及就业单位的联合，通过建立充满活力的大学生创新创业信息网，为大学生提供全面、及时的创新创业信息。通过塑造公平透明的创业环境，来为大学生创造创业实践机会，降低大学生对于创新创业的疑虑和观望心理。

第三，针对创业取向偏差、职业价值理念错误的问题，高校要将其积极融入教育主体范畴，关注大学生创业所面临的现实矛盾和价值冲突，使大学生形成良好的品格气质，建立健康的创新创业价值观。

（三）鼓励推动创新创业结构性调整

针对大学生创新创业结构发展不均衡的问题，逐步健全创新创业的社会保障机制，引导大学生加快创新创业的结构性调整。鼓励大学生积极探索，在创业区域、创业技术、创业产品和创业模式上不断创新发展。通过建立完善的社会保障机制，为大学生提供更多的创新创业机会；通过精神奖励和物质激励，来激发大学生创新创业的积极性。

拓展阅读

创业需要坚持

李华毕业于国内一所知名大学，学的是计算机软件专业，他成绩非常优秀，和导师合作的项目也获得了国家专项基金的扶持。在校外实习时，李华也受到国内一流企业的青睐，无论去哪一家公司，相信他未来的前景都会很好。

但拥有这么多光环的李华却是个不喜欢被束缚的人。他决定自己创业，认为现在正是创业的好时机。虽然自己不具备很多的经验，不过至少有头脑；虽然创业注定辛苦，但他已经下定决心把自己的青春和热血都献给国内互联网这片热土。

李华选择进入的领域是移动分享，他的产品可以帮助用户通过互联网分享所见所闻、分享看到的好风景。软件操作十分简便，用户界面也非常人性化。

软件开发前期，李华凭借着他的锐气获得了一些投资，投资商也都认为公司未来一定会有非常大的发展。但投资商要求在软件中嵌入广告来收费却成为一个问题，李华拒绝了这种以损害用户利益来换取软件盈利的要求。就这样，投资商中断了第二轮投资计划，李华遇到了以往从来不曾遇到过的难关。

但是李华天生是一个不服输的人。为了拿下投资，他多次与投资商磋商周旋。面对投资商的质疑，他一遍又一遍地给投资商耐心分析，告诉他们前期加广告会给产品带来多大的损失。最后，投资商被李华的这种精神所打动，双方选择了一个折中的方案，即软件前期不加广告，但后期需要加入投资商所提供的广告。不管怎样，李华总算可以继续自己的梦想，他的创业也可以继续进行。

任务二　创新创业精神

任务导入

瑞杰珑的创始人“理工男”李响，1982 年出生，是浙江大学本科生和直读博士生。因为创业，他的博士学业推延了 3 年毕业。谈起他的创业史，得从他在福利院和残疾人康复中心的参观走访开始。两次参观走访就让他嗅到了商机，用一个月的时间研发出能替代进口辅助设备且携带方便的新设备，并很快使产品获得时任中国残联主席邓朴方的高度认可和评价。此后他迅速成立了瑞弗科技公司，注册了瑞杰珑(英语 Rejoin，重新参与的意思)商标。这一年，李响 24 岁，还是个在读的博士生。

2007 年，他们和搭档在学校里做智力评估设备、听力评估设备，最初的商业项目全部来自浙大的未来企业家俱乐部。当时，他们的产品是微利的，面对市场上占垄断地位的国外产品，他们很失落。而让他们信心倍增的是，经过试验，他们发现低视力领域的技术提升空间很大。市场是创业者的老师，他们把目光集中在为弱视和低视力人群服务的助视器上。随着业务量的迅速增长，特别是海外高品质要求的订单越来越多，他们的产品在品质管理、生产周期、供应商资源等方面都出现问题。达不到要求就会被退货。公司管理团队讨论后当机立断，到制造资源更丰富的深圳建立分公司，组建生产和供应链管理团队，自建生产工厂。随着新产品的陆续研发，公司成为业内少有的集研发、生产、销售于一体的企业。他们“精耕细作”市场，4 年间做到国内市场占有率第一。在国际市场上，他们开始与英国著名品牌 Zoomax 开发代工合作，到 2014 年全资收购 Zoomax，中国创造的产品品牌从幕后走到了台前，有了 70 多个国家的销售渠道。但李响知道，在全世界只有 2.6 亿低视力患者，还是小众市场。自从有了首次公开募股的想法后，他们开始开拓新项目。针对成年人近视率居高不下的问题，他们研发了新产品“云夹”，量化了用眼数据，并对造成近视的因素加以控制，矫正阅读习惯。孩子家长还可以每天在手机 App 查看孩子的专业用眼报告，接受定制化眼科医疗服务。让近视者“看清”光明世界，这是李响的一个梦。创业过程充满诱惑，李响和伙伴们认定在一个领域里专注、坚持才能成长，“目前我们的护城河建起来了，做大很不容易，做差也不大可能，但需要人沉下心来修堡垒。”

【启示】创新是创业精神的灵魂，是企业家追求增长、追求利润的源泉。瑞杰珑的创始人李响，正是具备了良好的创新创业精神，通过勇于创新、敢当风险、坚持不懈的努力，才能从零开始进行创业并取得成功。

创新是在原有基础上的再提升和再创造，既是对智慧的考验，也是对经验的提炼。创业精神是指在创业者的主观世界中，那些具有开创性的思想、观念、个性、意志、作风和品质等。创业的本质在于把握机会进行创造性的资源整合、创新和快速行动。所以说，创业的本质是创新，创新是创业的灵魂，两者之间存在密切的内在联系。要想让创新成为发展的第一动力，就要培育创业者良好的创新创业精神，因为只有具备创新创业精神的人或群体，才会取得创业的成功。只有具备创新创业精神的民族，才是有希望的民族；只有具备创新创业精神的国家，才是有生命力的国家。

一、创新创业精神的本质

扫描二维码
观看微课

（一）创新是创新创业精神的灵魂

创业其实首先就是创新，我们要有一个真正创新的点，这个创新的点不是随便想出来的一个小窍门或是比较有意思的想法。当你有了创新的点后，需要考虑的就是如何把你的能力或是企业的能力与创新相结合。因此，创业精神的灵魂首先应当体现为创新，就是将新的理念和设想通过新的产品、新的流程、新的市场需求以及新的服务方式有效地融入市场中，进而创造出新的价值或财富的过程。缺乏创新，就不会有新企业的诞生和小企业的成长壮大。

（二）识别机会是创新创业精神的原动力

对于创业者来说，一个良好的开端无疑是非常重要的。而一个好的创业开端，往往需要抓住天时、地利、人和的时机。可能有人会觉得时机可遇而不可求，其实不然，机会无处不在，现实中从不缺少机会，缺少的从来都只是发现机会的眼睛。要识别机会，就要不拘泥于当前资源约束，不断进行跟踪，并关注环境的趋势和变化，获取信息，发现尚未被人们注意到的趋势和变化，使自己产生创业欲望，参与创业。因此，识别机会是创新创业精神的原动力。

（三）敢当风险是创新创业精神的天性

创新创业精神是一种善于捕捉和利用机会，敢于承担风险，为创造某种新的价值竭尽智慧、勇往直前的文化与心理过程。任何创业者在创业实践中都可能面临多种危险，只有具备敢于冒险、敢于担当、百折不挠的意志品质，才能让创业走向成功。

（四）团结协作是创新创业精神的精髓

社会发展到今天，行业分工越来越细，没有谁能一个人完成创业所需要完成的所有事情。只有懂得团结协作的人才能明白团结协作对自己、对别人、对整个创业团队的意义，才会把团结协作当成自己的一份责任。很多成功的创业案例中，创业者都认识到了团结协作的重要性，因为只有这样才能“精诚所至，金石为开”，让创业走向成功。

（五）执着是创新创业精神的本色

任何创业过程都伴随着艰辛和曲折，选择了创业就要拥有面对更多困难、迎接更多挑战的勇气。因此，创业者必须坚持不懈，只有知难而进，在战胜困难中学会成长，才能抓住属于自己的机会，取得创业成功。

创新创业的精神本质还有很多很多，我们可以通过阅读更多的创业案例或是和更多有丰富创业经历的人进行探讨，获取经验、增长自己的见识，为创新创业服务。

二、 创新创业精神剖析

创业精神的本质是一种创新活动的行为过程，而非企业家的个性特征。创业精神的主要含义为创新，也就是创业者通过创新的手段更有效地利用资源，为市场创造出新的价值。虽然创业常常是以开创新公司的方式产生，但创业精神不一定只存在于新企业。只要创新活动仍然旺盛，一些成熟的组织依然具备创业精神。

创业精神类似一种能够持续创新成长的生命力，一般可区分为个体的创业精神和组织的创业精神。所谓个体的创业精神，指的是以个人力量在个人愿景引导下从事创新活动，并进而创造一个新企业。组织的创业精神则指在已存在的一个组织内部，以群体力量追求共同愿景，从事组织创新活动，进而创造组织的新面貌。

创业是创业者依靠自己的想法及努力工作来开创一个新企业，包括新公司的成立、组织中新单位的成立以及提供新产品或新服务，以实现创业者的理想。创业本身是一种无中生有的历程，只要创业者具备求新、求变、求发展的心态，以创造新价值的方式为新企业创造利润，那么我们就能说这一过程中充满了创业精神。

创业精神所关注的是创造新的价值，而不是设立新的公司。因此创业管理的关键在于创业过程能否将新事物带入现存的市场活动中，包括新的产品或服务、新的管理制度、新的流程等。创业精神指的是一种追求机会的行为，这些机会还不存在于资源应用的范围，但未来有可能创造资源应用的新价值。因此我们可以说，创业精神即是促成新企业形成、发展和成长的原动力。

三、 创新创业精神的基本特征

（一）高度的综合性

创业精神是由多种精神特质综合作用而成的，如创新精神、拼搏精神、进取精神、合作精神等都是形成创业精神的特质精神。

（二）三维整体性

无论是创业精神的产生、形成、内化，还是创业精神的外显、展现、外化，都是由哲学层次的创业思想和创业观念、心理学层次的创业个性和创业意志、行为学层次的创业作风和创业品质三个层面所构成的整体，缺少其中任何一个层面，都无法构成创业精神。

（三）超越历史的先进性

创业精神的最终体现就是开创前无古人的事业，其本身必然具有超越历史的先进性，想前人之不敢想、做前人之不敢做。

（四）鲜明的时代特征

不同时代的人们面对着不同的物质生活和精神生活条件，创业精神的物质基础和精神营养就各不相同，创业精神的具体内涵也就不同。创业精神对创业实践有重要意义，它是创业理想产生的原动力，是创业成功的重要保证。

四、 创新创业精神的来源

创业精神来源于多个方面，主要是在学习和创业实践中逐步培育发展和形成的。就个体而言，创业精神的形成和发展与创业者所处的社会环境和创业者的个性特征、资源禀赋以及教育培训和工作经验的影响密切相关。

（一）创业者的个性特征

创业者的个性特征是由创业者的素质和创业者的能力两方面因素决定的，创业者个体特质差异对创业精神的培育发展有重要的内在影响。因此，大部分成功创业者都具备以下性格特点。

第一，坚韧不拔、持之以恒，即所谓恒心。无论做什么事都能持之以恒、善始善终，决不虎头蛇尾、半途而废。

第二，有信心，自我肯定。有一句教育名言这样说：要让每个孩子都抬起头来走路。“抬起头来”意味着对自己、对未来、对所要做的事情充满信心。

第三，乐观，积极向上。雨果说过：“青年人，我们要鼓足勇气！不论现在有人要怎样与我们为难，我们的前途一定美好。”

第四，富于冒险精神。创业本身就具有极大的挑战性，作为公司的带头人，在要求公司所有员工加强学习、迎接挑战的同时，更要带领大家打造一个敢于冒险的团队。

第五，诚实守信。诚信是立人之本、商贸之魂。一个人要想在社会上立足，干出一番事业，就必须具有诚实守信的品德。

第六，吃苦耐劳。凡事不可能都一帆风顺，逆境中就需要创业者具备吃苦耐劳的品质。成功的创业者恐怕没有哪一个不经历过一些风风雨雨，“吃得苦中苦，方为人上人”。

第七，善良正直、谦虚好学。此乃中华民族自古以来的传统美德，也是为人的基本品性。

第八，自主、自律、自强、自立。哈佛大学心理学家丹尼尔·戈尔曼说，自律对一生的成功都很重要！戈尔曼的《情商》一书中把情绪智力定义为“能认识自己和他人的感觉，自我激励，以及很好地控制自己在人际交往中的情绪的能力”，“情商高的人能更好地从人生的挫折和低潮中恢复过来。自强的人能够很好地控制情绪，不靠冲击或刺激就能采取行动。”可见自主、自律、自强、自立的性格在创业人生中的重要性。

第九，勤俭，热爱公益事业，怀有一颗感恩的心。

第十，不安于现状，不想久拿铁饭碗。

（二）社会环境

创业精神的形成与发展，主要受生存环境、文化环境、产业环境、机制环境的影响。例如，贫瘠的地方的人们可能为了改善生存状况而寻求发展机会、整合外界资源，摆脱困苦的生活。像我国历史上徽商、晋商的形成就跟生存环境有很大关系。现代国家、社会和学校的文化环境都为创新创业提供了更大的舞台。产业环境的不同对创业精神也能产生很大影响，对于垄断行业而言，企业缺少竞争，就容易抑制创业精神的产生，而在一个完全竞争的市场结构中，由于优胜劣汰，企业竞争激烈，往往能激发创业精神。同时，创业精神产生于特定的机制环境中，竞争机制环境有利于创业精神的产生。因此，政府应该积极为创业者营造自由发展的环境空间。

（三）创业者的资源禀赋

创业者的资源禀赋，包括创业者所能拥有或筹集到的物质资本、社会资本、人力资本。资源禀赋是创业精神得以形成的资源保障，丰富的物质资本是创业精神得以形成的物质保障，多样化的社会资本是创业精神得以形成的重要社会保障，先进的人力资本则是创业精神得以形成的智力保障。企业资本是创业精神得以萌生、形成、提升的营养。

（四）教育培训和工作经验

研究表明，创业者接受教育和培训，系统地学习创业所需的技能，其创造力与思维能力会得到有效提升。工作经验则有助于创业者进行创业决策。通过美国亚利桑那大学创业学专业与其他专业毕业生的跟踪调查，证实创业教育确实能有效提高大学毕业生的创业能力、创富能力和职业生涯拓展期的发展空间。

五、 创新创业精神的作用

（一）创业精神是推动社会经济转型的原动力

创业精神能够激发出人们进行创新创业实践的欲望，是一种内在的动力机制。创业能够促进产业结构、经济结构和社会结构的调整，有力地推动社会经济发展。一个社会创业活动发展得越好，人们的物质、文化生活水平也就越高，从而推动社会经济的繁荣与发展。因此，创业是经济增长的一个积极的促进因素，创业精神是推动社会经济转型的原动力。

（二）创业精神是个人实现人生价值的激励源

创业精神体现在战胜困难与挑战的创业过程中。创业是实现人生价值的一种方式，也是一个对自己拥有的资源进行优化整合的过程。在创业的过程中涉及人脉资源、社会资源、资金资源等，能大大地实现个人价值的提升。

（三）创业精神是社会和谐的稳定剂

创业精神能够激发人们进行创业实践的欲望，是一种内在的动力机制，这种动力机制有利于国家加快转变经济发展方式，对实施创新驱动发展战略具有良好的推动作用。因此，创业精神能促进经济社会又好又快发展，使国家更富强、人民更幸福、社会更和谐，是国家发展和社会和谐的稳定剂。

互动空间

请分组围绕“创新创业精神”展开讨论，思考并回答问题，做实践练习。

1. 了解创新创业精神的本质、特征、来源及其作用，谈谈为什么创新创业精神是创业走向成功的前提和基础。

2. 下载创业成功的案例，书写案例分析报告，探讨哪些方面的创新创业精神让创业者取得了成功。

六、 创新创业精神的培育

创新创业精神是一种思想教育，是加强高校创业教育的重要内容。创业精神的培育需要政府、社会、高校创业教育机构共同发力。

（一）在全社会大力弘扬创业文化

各级政府在采取有力政策促进经济稳中求进的同时，要注重创业精神的培育，通过宣传、培训、引领等各种办法，大力弘扬敬业、勤业、创业和立业意识，鼓励创业。尤其是要在政策上进行充分激励，真正在全社会形成关注创业、支持创业的良好氛围，让人们把创业作为一种事业而非谋生的手段，在创业过程中实现人生价值、体味人生乐趣。

（二）构建并完善创业型经济体系

创业型经济是建立在创新事业基础上的一种经济形态，它从制度结构、政策和战略上支持并保证经济创新。创业型经济不仅可以促进经济持续稳定增长，而且有利于产业结构的高度化，缓解我国当前的就业压力。因此，有必要系统分析我国创业型经济的影响因素，并提出相关政策建议，以促进我国创业型经济体系的构建。

（三）在高校全面实施正规的创业教育

创业教育是一种新的教育理念，以培养学生创业意识、创业心理品质、创业能力、创业知识为主要目标。高校开展创业教育是社会经济发展对教育的改革和发展提出的新要求，是高校自身深化改革的需求，是国际教育发展大趋势。可以说，哪个国家重视创业教育，哪个国家就能获得新的经济增长点和未来国家战略发展的制高点。教育从未像今天这样，要为未来未知的社会培养人才。在今天这个“计划比不上变化快”的时代，传统教育培养的人才已在很大程度上滞后于社会经济的发展。教育要有超前能力，要有适应未来的能力。因此，在高校全面实施正规的创业教育，是提高大学生自主就业、自主创业能力的前提和基础。

拓展阅读

创业精神的概念最早出现于18世纪，其含义一直在不断演化。很多人仅把它等同于创办个人工商企业，但大多数经济学家认为，它的含义要广泛得多。

对某些经济学家来说，创业者是指在有盈利机会的情况下自愿承担风险创业的人。另一些经济学家则强调，创业者是推销自己新产品的创新者。还有一些经济学家认为，创业者是那种将有市场需求却尚无供应的新产品和新工艺开发出来的人。

20世纪的经济学家约瑟夫·熊彼特专门研究了创业者创新和求进步的积极性所导致的动荡和变化。将创业精神看作一股“创造性的破坏”力量。创业者采用的“新组合”使旧产业遭到淘汰，原有的经营方式被新的、更好的方式所摧毁。

管理学专家彼得·德鲁克将这一理念推进了一步，称创业者是主动寻求变化、对变化做出反应并将变化视为机会的人。只要看一看传播手段所经历的变化——从打字机到个人电脑再到互联网，这一点便一目了然。

今天的大多数经济学家都认为，创业精神是在各类社会中刺激经济增长和创造就业机会的一个必要因素。在发展中国家，成功的小企业是创造就业机会、增加收入和减少贫困的主要动力。因此，政府对创业的支持是促进经济发展的一项极为重要的策略。

诚如经合组织商务产业咨询委员会(Business and Industry Advisory Committee to the Organization for Economic Cooperation and Development)2003年指出的：培育创业精神的政策是创造就业机会和促进经济增长的关键。政府官员可以采用优惠措施，鼓励人们不畏风险创建新企业。这类措施包括实施保护产权的法律和鼓励竞争性的市场机制。

社会群体文化也与创业精神相关。创业精神在不同文化中的差异在某种程度上取决于创业所能得到的回报。看重社会地位和专业经验的文化可能不利于创业，而推崇通过个人奋斗取得成功的文化或政策则很可能鼓励创业精神。

项目训练营

80后大学生创业三连败 掘金家电清洗年入数百万

经历过三次创业失败的80后大学生李克，最终找到了他的创富之路——家电清洗。短短3年，他的这家公司就从最初投入的两万元升值到了数百万元。

目标：在创业板上市

李克在2006年创办海南格科科技有限公司(下文简称格科)，到2009年，营业额已经突破300万元，净利润也已经增长到了150万元以上。企业的快速增长和良好的行业前景奠定了李克将企业做大的信心。“在创业板上市已经在公司的规划里了。”这个年轻人坚定地说道。格科现在已将业务重点放在了家电清洗上，因为李克发现这才是利润增长的关键点。李克解释说：“所谓家电清洗是应用特制的专用清洁剂，在各种精密设备、电力机械设备等正常运行的情况下对其直接清洗。而清洗的目的就是对这些昂贵的设备进行保养，防止其漏电、短路、信号弱及延长其使用寿命等。比如，交换机、移动基站等内部很容易布满灰尘等，通过清洗，可以防止设备故障，提高设备的工作效率。”已经初尝甜头的李克认为，这可是一个竞争对手并不多的领域。此时，格科未来的多项规划已在他的脑海中诞生。

兼职带来创业梦

在3年内，格科的地址换了3次，也代表了3个不同阶段，从最初的居民楼到有些破旧的办公楼，不久前又挪到了繁华的海南国贸中心。站在位于22层的公司里，李克回顾这6年来的创业路程，真可谓悲喜交加。2003年大学毕业后，李克选择了自己创业，而这个决定源自他大学期间的一段打工经历。暑假时，为了挣些零花钱，李克在大街上找工作，莽莽撞撞地就进了连锁店避风塘当服务员。没想到由于工作卖力，开学后店长硬是拉着他不让走，不仅提升他为领班，还让步同意他上午上学、下午上班。“正是这段经历，让我开始了创业之路”，李克说，“避风塘有着规范的经营模式，我管理着30多人。毕业后，我觉得自己拥有了创业的能力。”于是，李克在学校附近模仿避风塘的模式开起了茶餐厅。凭借DIY的室内设计、良好的成本控制，只经过四五个月，茶餐厅就开始盈利了。

一连串的打击

最初的贵人成了日后李克最不想提起的回忆，也让他结束了第一次创业，进入了一个长达两年的低谷。在茶餐厅经营蒸蒸日上之时，一个人提着 80 万元找到李克，希望和李克共同经营茶餐厅。李克也觉得这是一个可以扩大店规模的机会，便欣然接受。没想到，不仅两人经营思路不同，那个合伙人还有很强的占有欲。李克慢慢觉得自己被排挤了，内讧对于一个企业来说是致命的，生意日渐冷清。终于有一天，李克拿着当天的营业额 300 元“净身出户”。“当时，对于这次合伙我竟单纯得连合同都没签。”李克感慨道。这次失败让李克变得一无所有，每天大把大把地掉头发，煎熬和委屈充斥着这个年轻人脆弱的心。李克说，他一直把时间视作生命，在短暂的调整后，他又先后开了饭店和烟酒店，都是小投资，但同样以失败告终。

绝境中发现商机

李克说：“如果发现路走得不对，那就很快认输，为下一个开始节省时间。”无意中看到一条关于居民寻找家电清洗服务的新闻，让李克觉得这里大有商机。由于这是一个新兴行业，对此一无所知的他先是研究整个行业的发展趋势，又辗转多个地方进行实地市场调研。在确定了这是个好项目以后，李克便一头扎进当地的一家家电维修部，从零开始学习基本功，了解家电的内部结构和维修。苦心学习半年后，有了项目、有了技术的李克开始寻找资金。这次，他吸取了最初的教训，在找到了一个志同道合的出资人的基础上，利用合同对双方的责任义务等做了详细说明。2006 年，格科开始营业。白天李克带着仅有的 3 个员工跑市场，在烈日下的大街上发传单、在小区做活动、跑单位；晚上看营销光盘，现学现用。在洋溢着创业激情的日子里，他丝毫没有觉得累。一个月后，他们迎来了第一笔生意——40 台空调的清洗。虽然钱不多，但足以给李克信心：我的项目是有市场的！

创业之路仍在继续

在李克看来，创业前期只有把成本降到最低，才能在困难的阶段生存下来。他很喜欢这句话：大部分创业者都牺牲在成功前夕，原因是没有坚持再往前多走一步。李克说：“现在的格科综合实力已经可以在省内排第一了，在我 40 岁前一定能实现上市这个目标，成为行业领袖。”

有困难、有希望，有沮丧、有欣喜，有失落、有意外，创业者李克继续行走在创业的路上。

思考：创新创业者拥有哪些关键的心理特质？

PROJECT 3

项目三
创新创业人才

PROJECT 3

认知目标

了解创新创业人才的成长过程及主要特征，深化对高校创新创业教育的认识。

素养目标

通过对高校创新创业教育内涵、形式和内容的学习，立志成为优秀的创新创业人才。

运用目标

掌握创新创业人才的形成路径，严格要求自己，积极创新创业，磨炼成才。

任务一　发现创新创业人才特征

任务导入

如果说“马化腾”这个名字还没到家喻户晓的地步，那么谁也不会对聊天工具QQ上的小企鹅感到陌生，马化腾就是“QQ之父”。1998年11月，年仅27岁的马化腾在深圳创立了腾讯公司。

一个偶然的机会，他接触了以色列人发明的一种私人“玩具”——ICQ。精明的马化腾在体验到ICQ带来的快乐时，也发现了ICQ无法在中国迅速发展的原因，那就是缺少中国版本。于是，马化腾马上叫上几个朋友成立了公司，搞一个中国的ICQ。

腾讯QQ的发展可以用“爆炸”来形容，短短9年时间里，腾讯从一个仅开发QQ聊天工具的提供商发展到现在的中国最大的门户社区，市场规模已经达到几百亿。在不断变化发展中，马化腾会不时地创新腾讯软件。

【启示】目前，腾讯公司的业务范围涉及很多，它紧随科技步伐，与时俱进，与我们的生活、学习和工作时有联系，为我们提供了诸多便利。腾讯的发展离不开马化腾的管理与经营。拥有优秀的创新创业人才，才能让企业长远发展，人才永远是企业发展的动力之源。

美国经济学家熊彼特指出：“经营者只有在不断创新的过程中才能成为企业家。”也就是说企业家都要持续不断地创新。除此之外，要成为创新创业人才，我们还需要具备哪些特征呢?

一、创新创业人才及其成长

一般情况下，我们把具有创新意识、创新思维、创新能力并进行创新性活动和创办生产服务项目或企业、取得创新性成果的人才界定为创新创业人才。他们在工作和生活中有着相同的特点：好奇心强、发散性思维强、实践和动手能力强。他们通常精力充沛、具有好的进取心和团队合作精神。

创新创业人才一般是从哪里成长起来的呢？第一，从生产实践中成长起来的产品技术发明人才或创业者，主要包括产品与技术研发人员、海外留学人员、高校毕业生等，这种类型的创新创业人才有着丰富的生产实践经验。第二，从科研单位走出来的研究性创新人才，主要包括技术革新者、创新型科技人才等，他们拥有深厚的理论功底，能不断开辟新的领域，带领一批人占领制高点。第三，从企业和行政事业部门成长起来的管理创新人才，主要包括管理创新者等，他们有很强的组织能力，是具有市场眼光和战略头脑的复合型人才。

二、 创新创业人才的主要特征

创新创业人才是在基础知识、创新能力、心理素质、道德品质等方面具有特殊的素质和能力的群体。一般来说，作为创新创业人才必须具备以下素质要求。

（一）广博的知识储备

创新创业的想法必须建立在科学的基础上，特别是原始创新，是建立在深厚的基本理论之上的。知识文化素质对人的创新能力起到了至关重要的作用，是科技创新的重要资源，创新创业人才应具有广博精深的知识。一方面，要有深厚而扎实的专业基础知识，始终保持开放和动态的知识结构，能够及时、准确地把握本专业的发展趋势和最新科技成果；另一方面，应不断了解相邻学科及横向学科的知识及发展趋势，这是在学科交叉与群体突破的态势下建构创新知识体系而进行科技创新的基本条件。

创新创业人才的创新能力与其本身的知识与经验密不可分，任何创新都要有许多相关知识作为“中介”和“媒介”，才能获得成功。在其他条件相同的情况下，一个人知识和经验越丰富，视野越广阔，产生创新设想和独到见解的可能性就越大。实践证明，大多数卓越的创新创业人才都是学识渊博、兴趣广泛、视野广阔的人。

（二）突出的创新能力

1. 强烈的创新意识

创新意识是人们在活动中形成并体现出来的各种创新观念、理想、动机、意志、情感等复杂心理活动形式。创新意识有强大的能动作用，表现为它不仅能够能动地反映创新，把握创新的本质和规律，并预见创新活动发展的趋势，而且还能够能动地指导人们的创新活动，即指导人们根据创新的规律，确定创新的目标和任务，并为实现这些目标和任务制定出具体的计划和方法，通过创新实践把目标变成现实。

2. 科学观察能力

科学观察是在一定的科学理论指导下的有意识、有明确目的的感知活动，它的全过程始终伴随着积极的思维活动。同时，科学观察往往要借助一定的科学仪器去考察、描述和确认某些自然现象的发生。它不只是感性活动，还是由科学理论知识和科学思维方法武装起来的认识活动，理性思维渗透于观察过程的始终。所以，科学观察能力是创新创业人才必须具备的基本素质。

3. 科学实验能力

科学实验是人们根据一定的研究目的，利用科学仪器设备，人为地控制或模拟自然现象，使自然过程或生产过程以纯粹的、典型的形式表现出来，以便在有利的条件下进行观察、研究的一种方法，它是人类获得知识、检验知识的一种实践形式。当人们不满足于在自然条件下去观察被研究对象，要求对其进行积极的干预时，就导致科学实验的产生。科学实验是在变革自然中认识自然，因而有着独特的认识功能。

4. 捕捉机遇的能力

从事科技创新活动的人应具备捕捉机遇的能力。自然科学中的许多新发现都是在出乎意料的情况下获得的，或至少带有机遇的成分，特别是那些最重要的和最富于革命性的发现，更是与机遇密不可分。例如，1897 年，英国化学家雷姆赛在空气中寻找惰性气体氦元素的实验过程中，意外地先后发现了氪、氖、氩和氙等新元素。在第一次世界大战中，著名冶金学家哈布瑞尔莱在一堆废铁中偶然发现，所有的铁都生锈了，只有高铬合金钢还闪闪发亮，从而发现了一种抗腐蚀的不锈钢。这些都与机遇有关。

互动空间

任务一：你最敬佩的创新创业人才是谁？说明理由。

任务二：从不同角度讨论总结创新创业人才的更多特征，并举例说明。

任务三：

小米的成功之路

既非出身手机世家，也非安卓阵营中的兄弟，“新生”小米的表现让人们对其刮目相看。在被业界特别是手机界专业人士普遍看衰的情况下，小米手机的预订却异常火爆，始终处于供不应求的状态。小米手机为什么能够在短短几年的时间里成功占领属于自己的市场呢？

一是营销模式创新。除了运营商定制机，小米手机只通过电子商务平台销售，最大限度地省去中间环节，降低终端销售价格。二是商业模式创新。作为一家互联网公司，小米更在意用户的口碑，通过高配置低价格吸引的几千万移动互联网用户是其盈利的关键，使得用户不仅是自己手机的用户，还是自己系统的用户，这样发展起来的用户就有价值。三是竞争战略创新。小米不靠硬件赚钱，而是发展手机品牌，软硬件一体化。

手机是目前人们不可或缺的电子设备，未来所有的信息服务和电子商务服务都要通过这个设备传递到用户手上，谁能成为这一入口的统治者，谁就是新一代的王者。而王者必须集硬件、系统软件和云服务于一体，这就是雷军所说的“铁人三项”，小米正是奔着这个方向走。

问题：小米的成功见证了雷军在创新创业方面的才华，我们可以从雷军的身上学到什么？

拓展阅读

创新创业机遇的七个来源

根据德鲁克的观点，创新创业者学会通过发现和追求机遇来实践系统化的创新。变化为创业者创造了一种机遇，不但能创造个人财富，而且能间接地为整个经济创造价值。德鲁克说：“创新是体现创业的特定工具，赋予了资源一种新的能力，使之成为创造财富的活动。实际上，创新本身就创造了一种资源。”这种被创造出来的资源不是总和为零的游戏，它通过将不具生产力的资源配置到生产力更高的用途上，在市场上创造出价值。

由于创新并不仅仅是一种个性特征，人们可以学习创新的过程。显然，提高一个人的创新能力并不能保证取得商业成功，但是它可以为将来提供更多的机遇。德鲁克做出这样的假定：系统化的创新在于有目的、有组织地寻求变化，以及对这类变化可能提供给经济和社会创新的机遇进行系统化的分析。德鲁克并没有提出宽泛的定义，因为宽泛的定义是无法解释意味深长的道理的，相反，他用一种浅显易懂的方式解释了创业形成的过程。而且，他独特的视角为每一个亲自践行创业的人提供了一个清晰的着眼点。

德鲁克发现了寻求创新机遇的七个来源。其中有四个存在于企业内部，另外三个取决于企业或产业外部的变化。

第一个来源是“出乎意料”的情况：意外成功、意外失败或意外的外部事件。德鲁克讲述了众所周知的雷·克洛克的传奇故事——不是把他当作麦当劳餐厅的创始人，而是把他看作一个将企业发展成为餐饮巨头的人，让全世界的人们都认得出企业那金黄色的圆拱和著名的卡通形象。当雷·克洛克向小型餐厅销售奶昔机时，他注意到他的一家客户购进了数量相当大的一批电器。这一意外的事件让他发现，由于餐厅的菜单简洁、价格低廉以及服务迅速，吸引了如潮的顾客。之后，他最终买下了麦当劳兄弟，并开始建立起自己的汉堡王国。

根据德鲁克的观点，第二个来源是一种“不一致”，即实际状况和预期状况不一致，或与原本应该的状况不一致。在 20 世纪 80 年代中期，德鲁克创作《创新与企业家精神》一书时，斯科特公司是当时美国生产草坪护理产品的领先企业之一。后来，这家企业并入大型企业 ITT 的旗下。从根本上说，这家企业之所以成为行业的领头羊，是源于一台被称作“播撒机”的简单机械装置，这是一台体积小、重量轻的独轮手推车，它身上所附的孔洞使得斯科特的产品能均匀、适量地通过。而在斯科特播撒机出现之前，没有一家草坪护理产品生产企业能够向客户提供一种可以控制播撒程序的工具。如果没有这么一种工具，在整个程序的逻辑里就会产生一种“不一致”：没有什么办法能够控制播撒的数量。

第三个存在于企业内部的创新机遇的来源是建立在程序需要的基础之上的，有一句流传已久的谚语叫作“需要乃发明之母”。德鲁克援引了摄影艺术的发展作为例子。在 1870 年，摄影过程需要使用笨重而易碎的玻璃干板，这些玻璃干板必须随身携带并小心翼翼地护理。同时，还需要一台同样笨重的照相机。这样一来，一个人在照相之前需要做大量的准备工作。1880 年，柯达的创始人乔治·伊士曼利用极轻的纤维素胶片代替了笨重的玻璃干板，并设计出一种可以使用这种胶片的轻型照相机。十年内，柯达在摄影领域取得了世界领先地位。

德鲁克的第四个也是最后一个企业内部的创新机遇的来源是产业结构或市场结构的变化，这些变化出乎大多数人的意料之外。德鲁克提到了发生在汽车工业内部的分化，这个产业通过品牌名称的战略在市场上占据一席之地。一辆汽车早就不再只是一个交通工具，如今它是一种身份的象征，反映出一个人的个性。“什么人开什么车”这句话也许有些肤浅，却是许多消费者恪守的信条。例如，一辆世界上最昂贵的劳斯莱斯汽车是为王公贵族以及其他有能力进行奢侈消费的人量身定做的。一辆宝马跑车受到崭露头角的高层管理人员的青睐，而一辆梅赛德斯一奔驰轿车则传递着体面、可靠和奢华的信息。当市场发生变化时，由于偏好以及购买力的变化，新的市场机会出现了。大家可以退回到1980年，回顾一下日本汽车是如何大规模进军美国市场的。当时的消费者不再理会制造粗糙、耗油量高的美国车，转而对性能可靠、制造精美的日本车系倾囊而出。这种市场转变让大多数底特律人始料不及，而近来发生的向混合动力型车的转变亦是如此，如丰田公司第一次在美国推出的普利斯。

除了这四个在企业内部出现的创新机遇的来源，德鲁克还提到三个在企业外部出现的创新机遇的来源。第一个是人口统计数据的变化，包括人口数量、人口组成、就业情况、受教育程度以及收入状况方面发生的变化。婴儿潮一代、后婴儿潮一代以及X一代这些为大家所常用的按年龄界定的称呼，让人联想到这些不同族群的人们在他们生命的过程中会有各种不同的机遇。德鲁克解释道，地中海俱乐部在旅游和度假业务方面所取得的成功归因于他们利用了“人口变化”的机会，特别是看到了富裕的、受过良好教育的出身工人家庭的年轻人的数量不断增长。地中海俱乐部抓住了这个机遇，意识到这些人是“度假胜地的全新的、带有‘异国情调’的现成顾客”，是他们所关注的重心。地中海俱乐部继续开发人口变化所带来的机遇，近期已将度假村分为适合单身、情侣和家庭度假三种类型。

第二个创新机遇的来源是认知、情绪和意义的变化。德鲁克讲述了以前人们的饮食习惯是如何与他们的收入和所处的阶级紧密相关的：普通人“吃饱”，而有钱人“吃好”。然而，如今这种趋势已经演变成“填饱”，就是将可以食用的东西以尽可能最快、最简便的方式吃下去。顾客的满意度取决于送餐的速度，而不是食物的质量。有多少人有耐心在麦当劳的等候线外等待超过一分钟呢？真的非常少。成功的食品服务企业是那些已理解顾客的这种心态并对其加以利用的企业。

第三个来自企业外部的创新机遇来源是科学的以及非科学的新知识。德鲁克是这样描述这个来源的：首先，在所有的创新中它所需要的时间间隔最长。说得具体一些，比如对于那些生物技术和医药方面的科学发明，行政审批的完成需要经历一个冗长的流程。其次，新知识通常建立在前期大量知识结合的基础上，这其中并不都是技术知识或科学知识。同样，并非所有创新所需的知识都是能得到的。产品的完善涉及很多因素，因此，一个人必须对所有因素都仔细地进行分析。接下来，企业必须将这种新知识商品化，并明确其有别于自己竞争对手的战略定位。最后，为了成功地进行商品化，企业必须以获取主导地位作为目标。由于这种创新是基于新知识的创新，可能会有很多竞争对手，创新者必须在第一时间确保万无一失。

作为总结，德鲁克着重强调了七个创新机遇的来源：四个在企业内部，三个在企业外部。他对这些来源的论述反映了他在发现、理解和运用创业的核心(即创新)方面所采用的是一种系统化、有目的的方法。

任务二 炼成创新创业人才

任务导入

美国麻省理工学院(MIT)共拥有80多位诺贝尔奖得主。在社会经济领域，MIT创新创业的精神和成就更是闪亮。以MIT为代表的创新创业模式，是一种被实践证明有效的模式，具有很高的参考价值。

或许是MIT在创新方面的成就过于耀眼，致使外界对它的了解仍然停留在科技创新的一面。科技创新是MIT校友公司创建和成长的基础与核心。正是因为科技创新基因，MIT校友公司在市场上表现出独特的竞争力，很难被其他企业模仿、复制和超越。MIT校友公司中，有竞争力的公司多以科技创新为基础，这与MIT“科研立校，技术为社会服务”的理念是一致的。MIT创业发展最重要的基础和本钱就是知识，这些知识来源于MIT自身的研究。其实，真正了解MIT的人都知道，它还有另一面，那就是创业。MIT利用其创新成果进行创业所取得的成就，完全可以和它在科技方面的成就相提并论。

MIT校友创办的公司年营业收入总和已经超过2万亿美元。如果将其看作是一个独立的经济体，可排在全球第11位。其中有不少是大家耳熟能详的500强公司，例如通用汽车、惠普、英特尔等。此外，还有一大批在业界领先的企业均为MIT的校友所创办，如飞机制造巨头麦道，半导体产业的巨无霸德州仪器，国际数据网络的先驱和领导者3COM，剃须刀行业领头羊吉列，全世界最大的信息、出版、研究、会展与风险投资公司IDG，国防产品方面的领军企业雷神等。①

【启示】这就是MIT独特的创新创业模式，它追求科学创新的精神已经形成了一种根植性文化，而且常常会有令人意想不到的创意，许多创意在校方的引导与帮助下转化为真正的产品，并成功完成了创业，实现了创新与创业的完美结合。你是否

---

① 参见黄亚生：《MIT创新课：麻省理工模式对中国创新创业的启迪》，北京，中信出版集团股份有限公司，2015。

想成为创新创业队伍中的一员?

回顾我国高校开展创新创业教育实践的发展历程，大致可以划分为四个阶段，即基于创业实践指导的创新创业教育萌芽期(2002 年之前)，基于课程设置和模式探索的创新创业教育探索期(2002—2008 年)，基于人才培养的创新创业教育拓展期(2008—2010 年)和基于创新创业教育理念创新的快速发展阶段(2010 年之后)。

2012 年 4 月，教育部批准了我国首个“创业管理”专科专业。同年，上海科学技术职业学院和广东中山职业技术学院开始招生。2013 年，黑龙江职业技术学院也正式开始招收“创业管理”专业的学生。2013 年 9 月，第一门创业教育慕课问世，由清华大学创业导师李肖鸣老师录制的“大学生创业基础”慕课 1.0 版正式在超星和卓越两个在线平台上线，当年就有 68 所高校选用了这种新兴的创业教育方式。2015 年 5 月，《国务院办公厅关于深化高等学校创新创业教育改革的实施意见》从实施创新驱动发展战略、促进经济提质增效升级以及推进高等教育综合改革、促进高校毕业生更高质量创业就业的高度，明确了深化高等学校创新创业教育改革的指导思想、基本原则、总体目标。在此基础上，2015 年国务院政府工作报告明确指出“大众创业、万众创新”既可以扩大就业，增加居民收入，又有利于促进社会纵向流动和公平正义，个人和企业要勇于创业创新，全社会要厚植创业创新文化，让人们在创造财富的过程中更好地实现精神追求和自身价值。

在这样的社会背景和政策引领下，创新创业教育伴随时代发展应运而生。

一、 高校创新创业教育的内涵

联合国教科文组织在《关于高等教育的变革与发展的政策性文件》中全面阐述了“创业教育”的概念，指出“高等教育的毕业生不仅是求职者，而且也是成功的企业家和工作岗位的创造者”。1999 年，国务院批转的教育部《面向 21 世纪教育振兴行动计划》中正式提出了“要加强对教师和学生的创业教育，采取措施鼓励他们自主创办高新技术企业”，这是我国政府文件中首次出现“创业教育”的概念。创新创业作为经济发展的内生驱动力，催生了创新创业教育在全球范围内的发展。

《国务院办公厅关于深化高等学校创新创业教育改革的实施意见》进一步拓展了创业教育的内涵，以创新引领创业、创业带动就业，将高校创新创业教育作为创新创业人才队伍搭建的重要举措。创新创业教育在内涵上比创业教育更为丰富，也更贴合高校开展创业教育的实际，主要表现在：第一，高校属于高等教育的实施主体，教育的目标是培养高层次、高技能的人才，在创业教育方面，也应当有一定的水准要求。高校创业教育要致力于培养能够开展高水平创业(如高科技创业)的人才。开展创新创业教育，而不是单纯的创业教育，正是培养学生技术创新和商业模式创新能力、进行高水平创业的教育内涵。第二，创新的价值需要通过创业行为来实现，技术进步正是通过创业活动向经济和社会领域传导的。创新是创业的前置阶段，创新活动与创业活动的内在一致性决定了创新教育和创业教育也是一体的。

二、 高校创新创业教育的形式和内容

（一）当前中国高校创新创业教育的常见形式

当前我国高校开展创新创业教育的主要形式可以概括为“3＋X”，“3”是指创业课堂、创业大赛和创业学院，“X”是指其他创业实践活动。创业课堂、创业大赛和创业学院是我国高校创新创业教育的三个主要形式。

其中，创业课堂包括必修课、选修课和创业讲座，属于常态化的教学活动板块。创业大赛包括国家、地方、社会机构等层面举办的各类创新创业大赛。在大众创业、万众创新背景下，针对大学生的创业大赛如火如荼，在活动规模和数量上不断提升，已经成为学生创新创业教育的重要板块。创业学院是由高校组建的或由社会机构与高校联合创办的以开展创新创业教育为主的运营单位。其他创业实践活动包括各种以创业为主题的会议、社团和体验活动，各类众创空间和创业服务机构经常面向大学生举办类似的活动。

（二）当前中国高校创新创业教育的主要内容

1. 培养学生的创新创业精神

创新创业精神是新时代大学生精神面貌的符号，主要体现在创新创业意识和创新创业能力等方面。大学生拥有创新的基础知识，具备创新的基本素质，通过有意识的学习和锻炼，可以有效提高自我创新的能力。培养学生的创新创业精神是高校人才培养模式改革的紧迫任务，也是深化高等教育综合改革的战略举措。

2. 培养学生的创新创业能力

当今社会，随着“大众创业、万众创新”热潮的掀起，创新创业能力的重要性日

益凸显，高校就业工作的侧重点也随之转移。创新创业能力主要包括创新创业环境分析与团队建设、创业机会识别与风险评估、创新创业计划撰写与资源整合、企业创立与管理等。学生具备创新创业能力并不是成功创业的必然要求，但如果不具备这种能力，就难以成功创业。

3. 建立系统的创新创业理论指导

目前，我国大学生创业的比例远低于西方发达国家，尤其是成功创业的比例。创新创业意识不强和理论指导不足，制约了大学生投身创新创业的勇气与胆略。为了帮助大学生成功创业，高校的一个重要任务就是为有创业意愿的学生提供理论指导和实践帮扶，助推学生顺利创业、成功创业，引导学生用创新创业思想推动个人职业生涯的发展。

三、 高校创新创业教育的主要路径

（一）通识理论教育

目前，高校主要是通过开设通识通修课、专业性创新创业课程等方式开展创新创业理论教育，目的是传播创新创业理论与知识，进行思想启蒙，培养学生的创新创业意识和能力，让学生从通识教育理论中认知创新创业、感受创新创业、掌握创新创业、投身创新创业。

（二）精英理论教育

开设创业精英培训班，是当前高校开展创新创业教育的一个普遍做法。很多高校已经着手实施，主要是在全校范围内遴选有创业意愿的学生，临时组建班级，开展创新创业专题培训，对创业意愿强烈的学生进行有计划的提升教育，目标就是培养富有创新创业能力的企业家。这种做法是集约资源的有效途径，也是在短期内提升创新创业教育效果的主要方式。

（三）项目管理与实践教育

创新创业必须依托特殊载体才能有的放矢。教育部在 2012 年启动了大学生创新创业训练与实践项目计划，有力助推了创新创业教育与专业教育的深度融合，调动了广大师生的积极性，吸引更多师生参与其中，取得了良好的效果。项目教学是一个新的教育视角，有利于将专业知识与创业实践相结合，能够在夯实专业基础上提升学生的创新创业精神和实践能力。支持学生创业团队入驻创业孵化器或创客空间等，开展实践活动，鼓励学生切实参与真实的创新创业，积累实践经验，提升实践能力。

（四）专业竞赛

高校范围内的创新创业赛事活动较多，品牌赛事主要包括“挑战杯”全国大学生课外学术科技作品竞赛和中国大学生创业计划竞赛、中国“互联网＋”大学生创新创业大赛等知名赛事，也包括部分专业性很强的赛事活动，比如“全国大学生数学建模竞赛”、全国大学生“飞思卡尔”杯智能汽车竞赛等。大学生可以参加有关赛事活动，有效提高创新创业能力。

创新创业教育作为新的教育理念，正在不断融入高校人才培养体系中，成为深化高等教育综合改革与创新的重要抓手和突破口。新时代的大学生是创新创业的主力军，应该大胆尝试、勇于实践，在创新创业时代洪流中创造人生价值、实现人生抱负。

互动空间

任务一：创新创业能力发展的三要素。

研究表明，技能、阅历和环境是影响个人创新能力发展的三大要素。

第一，技能。创新者通常具有创造性、好奇心、对某一领域的专业知识、灵活运用知识的能力以及发散性思维的能力。同时，他们还极为“胆大”，喜欢接受挑战并愿意承受失败。此外，他们还具有良好的口才，能够对客户和投资人清楚地阐述自己的产品理念，并且在团队内部与同事进行有效沟通。

第二，阅历。创新者在学校或者初入职场时往往都有“榜样”指导和领路，同时他们在成长的过程中一般不被条条框框所拘束，那些“天马行空”的想法不会遭到冷遇，而是被鼓励去进一步探索。创新者还表示，他们在校外的实际工作中学到的解决问题的思维方式及团队合作经验都对自己的创新能力有着积极的影响。另外还有一点极为重要，那就是与其他领域的同事合作时学到另一领域的新知识，这些更能激发他们的创造力和想象力。

第三，环境。这是创新者培养技能与阅历的土壤。开放型办公室更有利于同事间互相交流，他们时常在讨论中擦出创意的火花。高校的实验室、创客空间或者创业中心都可以借鉴企业中开放空间的做法，避免将学生封锁在独立的空间中。

问题：结合所学与实践，对自己的创新创业能力进行反思和评估，谈谈自己在创新创业方面的优势及不足，以及未来打算如何提高自己的创新创业能力。

任务二：

学会沟通	
良好沟通的10项建议	良好沟通的10个技巧
(1)沟通前把要领澄清。对一项信息进行系统的分析，沟通才能明确清楚。 (2)要确定沟通目标。 (3)要研究环境和人的性格等情况。 (4)听取他人的意见，计划沟通内容。 (5)所选用的沟通时间，所用的声调、词句和面部表情要适当。 (6)及时获取沟通对象的各种反馈信息。 (7)保证传送资料的准确可靠。 (8)既要注意切合当前的需要，又要注意与长远目标的配合。 (9)言必行，言行一致。 (10)听取他人的意见要专一，要成为一名“好听众”，只有这样才能真正明了对方的本意。	(1)学会营造积极、良好的互动氛围。 (2)学会预测沟通的气氛。 (3)学会找到提出自己想法的最佳机会。 (4)学会提出自己的想法。 (5)学会向对方微笑。 (6)学会察言观色。 (7)学会聆听，提高自己的“听力”。 (8)学会回应对方的异议。 (9)学会给对方出选择题。 (10)巧用冷场。

实践：在学习和生活中践行良好的沟通方式和技巧，提升自身的沟通交流能力。

任务三：为学校开展创新创业教育提出可行性建议。

扫描二维码
看更多案例

拓展阅读

美国创新创业教育体系的构建情况[①]

美国创新创业教育体系中，政府、学校和社会机构作为三个重要主体，在推动创新创业教育方面分别发挥着重要作用，从不同层面对创新创业提供了有力支撑。

---

① 赫杰、吴爱华、侯永峰：《美国创新创业教育体系的建设与启示》，载《高等工程教育研究》，2016(2)。

一、政府进行顶层设计并提供政策支持与法律保障。

美国政府注重创新创业体系的顶层设计，先后出台了多项相关的政策与法律支持创新创业，其中比较重要的有“美国创新战略”“创业美国”计划以及支持小企业发展的系列法律。

(一)“美国创新战略”

奥巴马政府先后三次发布、更新“美国创新战略”，对创新创业提供了政策支持。2009年首次发布“创新战略”，提出了加大创新基础投入、刺激市场竞争、加速国家优先项目重大突破的三级金字塔型创新发展蓝图。2011年“创新战略”把教育、科研和基础设施作为国家发展的三大战略支撑，将重心转移到促进经济增长与繁荣，以创新赢得未来。2015年再次更新“创新战略”，聚焦制造业、精准医疗、智慧城市、清洁能源等九大优先领域，加大科技创新研发方面的投入。三次“美国创新战略”的发布，将创新作为重大国家战略，从国家层面上加大了对创新创业的投入与支持。

(二)“创业美国”计划

2012年，奥巴马政府提出“创业美国”一揽子计划，出台若干创业刺激政策，帮助和鼓励创新创业，这也是2011年“美国创新战略”的重要组成部分。“创业美国”的主要政策包括：一是加大创业经费支持。由美国小企业局(SBA)在5年内投入20亿美元，其中10亿美元作为影响投资基金(Impact Investment Funds)，用于鼓励私营部门投资国家清洁能源、教育等优先发展领域和新兴产业领域；另外10亿美元作为早期创新基金(Early-Stage Innovation Funds)，用于投资创新型初创企业。二是加强创业指导。由美国国家科学基金(NSF)投资1000万美元为工程类院校建立专门教授创新创业的全国性中心；由小企业局和能源部(DOE)共同发起创业企业指导行动，资助了4个清洁能源企业加速器，对全国100多个初创企业进行创业指导。三是加快创新技术成果转化。采取措施加快技术创新从实验室到市场的转化速度，如美国国家科学基金建立了一个创新团体(NSF Innovation Corps)，连接高校、研究院所、企业，建立伙伴关系，技术人员、企业家和投资者共同帮助研究人员将科学成果转化为商品并投入市场。

(三)支持小企业发展的系列法律

20世纪中叶起美国颁布了一系列的法律、法规，保护中小企业的利益。如《小企业创新发展法案》《小企业技术转化法案》等。其中，对高校创新创业影响较大的是《拜杜法案》(Bayh-Dole Act)。在《拜杜法案》颁布之前，美国的科技创新成果实行“谁投入，谁所有、管理、受益”的模式，使研发者的创新积极性受挫。1980 年颁布的《拜杜法案》对研发者的权益进行了充分保护，激励了研发成果向产业界流动，带动了科技成果的产业化。目前，美国 300 多所大学设有科技成果转化办公室，研发成果获得专利后可转让给企业，或者由研发者自己创立企业。

二、学校承担创新创业教育的主体责任

美国创新创业教育涵盖了小学、初中、高中、大学以及研究生的所有正规教育，形成了完备的学校教育体系。

(一)高等教育阶段的创新创业教育

美国高校主要从以下几个层面开展创新创业教育。

一是设计实施创新创业教育课程。美国创新创业课程体系一般由创业基础理论课程、与专业结合的创业课程、创业实践课程三个部分组成。以斯坦福大学为例，创业基础理论课程主要由商学院及其下设的创业研究中心开设，主要包括创业基础类课程(如“创业基础”)、金融类选修课程(如“天使资本”“创业融资”“私募股权”)、市场与运营类选修课程(如“产品发布”“创业者的市场研究”“电子商务”)等类型；与专业结合的创业课程主要由相关院系开设，其中工学院课程开设较为成熟，实施了技术创业计划(STVP 计划)，聚焦在某一学科领域或交叉学科领域开展高科技创业的教学与指导；在创业实践课程方面，斯坦福大学设立了创业工作室，给学生提供创业实践的平台和到新创企业实习的机会，让学生有更直接生动的创业体验。其他高校在创业实践课程的设置方面各具特色，如马里兰大学史密斯商学院丁曼创业中心，每周五 11：00～13：00 组织活动，由学生向企业家、投资人、有创业经历的专家等介绍自己的创新想法；该中心还推出暑期实践项目，学生到创业公司实习，以获取灵感和创意。马里兰技术创业学院推出“边做边学项目”，让学生与企业家在一起工作，帮助学生了解企业家精神，参与创新创业实践，提升创新创业意识和能力。

二是策划组织创新创业竞赛。1983 年美国得州大学奥斯汀分校举办首届大学生创业计划竞赛，鼓励大学生就某一项新产品或新服务做商业计划书，向投资人介绍，争取投资并创办公司。麻省理工学院、斯坦福大学等高校也相继举办创业竞赛，并形成长效机制。从1990年开始，每年都有多家新创企业从麻省理工学院创业计划大赛中诞生，并有相当数量的项目发展为优秀的高新技术公司。高校创新创业竞赛搭建了学生项目与产业界、投资界沟通的桥梁，帮助学生提升创业实践能力，并使学生初创企业获取更多支持。

三是为学生创新创业项目提供孵化指导服务。很多大学已经建立了多样化的孵化机构，包括大学内部的技术转化办公室、科技园、孵化器、创客中心等，为学生创新创业实践提供空间、实验设备和专业指导。

（二）基础教育阶段的创新创业教育

创新创业教育不仅仅存在于高等教育阶段，在基础教育阶段，美国就已经开始培养学生的创业意识与能力。美国从1998年开始实施“金融扫盲2001年计划”，向中学生普及金融、投资、理财、营销、商务等专业教育，培养未来的企业家。很多中小学也设计实施了有特色的创新创业实践教育活动，如W. R. Coile中学设计了“未来农民项目”，教师和企业家教授学生培育农作物的技能，通过培育、生产和销售农作物获得收益，培育学生的创业意识；Discovery高中设立创业实践基金项目，建成了集讨论室、会议室、操作室、实验室等为一体的创客空间，学生在导师指导下可以将自己的创意转化为产品，创立企业并推向市场。

三、社会机构深度参与创新创业教育

美国社会广泛支持创新创业教育，企业界、投资界以及非政府组织都在经费、场地、指导等方面为创业者提供支持。

（一）企业界

美国诸多著名企业将目光投向创新创业，愿意投入资金扶持创业项目并提供技术指导，同时发掘新的产业发展机遇，实现互利共赢。如英特尔、IBM等公视司投资上亿美元，支持相关领域的初创企业，并联合学术界和投资界为新兴技术领域的软件开发者提供技术支持及商业辅导。惠普公司通过“惠普创业学习计划”（HP LIFE）支持初创企业的技术创新和业务增长，目前惠普已经支持了超过10万名美国创业者。

（二）投资界

多家投资机构组成了全美投资公司协会（NAIC），为创业企业提供融资服务，给予经费支持。如协会成员马拉松基金会（TMF），由企业家、投资界高管组成，为创业企业提供咨询服务和经费支持，每年投资10～20个创业项目，侧重对女性、少数族裔创业者的支持。又如天使联盟（AoA），由140个天使投资人联合组成，共同对创业项目进行遴选和支持，每年支持约20个项目。

（三）非政府组织

近年来，美国出现了一批以考夫曼基金会为代表的致力于支持创业教育发展的非政府组织，通过资助创业教育、推广创业教育理念来推动美国创业教育的发展。考夫曼基金会成立于1966年，是美国最大的创业教育基金会，于2003年推出“考夫曼校园计划”（KCI），推动计划参与高校开展全校性的创业教育，通过开设创业课程、开发创业实习项目等方式培养青年学生的创业意识和能力。此外，如美国创业指导网（NFTE）推出很多为青年创业者服务的项目，至今已培养了6万多名学员，开发了成熟的教材和培训工具，分三个阶段对学员进行培训：一是在创意阶段，指导学生个人或团队讨论、研究并提出创意，撰写商业计划书；二是在发展阶段，通过各种体验式活动，帮助学生发现商机，根据市场调研情况调整修改商业计划书；三是在实践阶段，搭建学生项目与投资界的对接平台，学生个人或团队向投资人介绍自己的商业计划，争取投资、参加竞赛，创立公司并开展商业实践。再如，西雅图市的四雅典（Four Athens）机构为创业者提供以下支持：一是组织联谊活动，近四年组织300多次活动，搭建学生创业项目与投资人交流对接的平台，帮助学生找机会和融资；二是提供场地租用服务，为初创企业提供廉价的办公场地；三是开发相关课程，开展创新创业教育培训。

项目训练营

训练一

创业者柔道

创新创业的战术众多，需要创新创业者掌握不同的战略，其中一种是“攻其软肋”的战术——“创业者柔道”。柔道是一种在亚洲流行的运动，意在将对手所施加的能量和动量反过来还击他自己。德鲁克特别借鉴了柔道的概念，是因为它起源于日本，而日本自1941年开始，就在和美国的竞争中通过攻击对方的长处而获胜。像索尼这样的日本企业已经占领了诸如半导体收音机、电视机以及电子表等美国的电子市场。同时，日本的汽车制造商丰田和本田也在2005年挑战了三大汽车制造商(通用汽车、福特和克莱斯勒)的垄断地位，并在历史上第一次使得三大汽车制造商的新车销量在美国本土只占不到50%。丰田运用“创业者柔道”，在三大汽车制造商至今未曾考虑过的领域(混合动力车的生产)表现得更高一筹。丰田的例子揭示了“创业者柔道”是一种风险相对较低、成功率较高的战略。

问题：收集其他运用“攻其软肋”战术“创业者柔道”取胜的案例，并谈谈“创业者柔道”所适应的情境和条件有哪些。

训练二

这些特征你具备几项

锐意进取：创新需要强烈的进取心。安于现状会使创新失去动力，也会使企业陷入不能持续发展的泥沼。

观察敏锐：创新型人才需要敏锐的洞察力。很多创新者凭借这种能力发现问题，从而进行创新和改进。

眼界开阔：创新型人才的知识结构既要有广度，又要有深度。这是信息时代创新的基本要求之一。

坚韧不拔：创新在多数时候是一个不断试错的过程。如果不能坚持下来，就难以到达成功的彼岸。

思维超前：具备前瞻性、独创性的思维方式，才能独辟蹊径，走出一条与别人不同的道路。

勇于实践：如果没有勇于实践的精神，创新将成为空中楼阁。创新如果不能付诸实际，将会变得毫无价值。

善于合作：创新是一个复杂的过程，需要多个领域的人才携手。创新的落地同样需要不同部门的合作。

训练三

高校创新创业教育的主要争议

争议一：创业可不可教

自创业教育伊始，关于创业可不可教的争论就一直存在。创业不可教观点的主要内容是：创业者是天生的，创业能力取决于个体的智商、性格等天赋因素，后天教育对于培养创业特质和创业能力的作用十分有限。产生创业不可教观点的原因主要有两点：第一，创业能力不同于一般的专业技能，是一种综合个体知识、技能和性格等各方面条件的高级能力，培育的成本高、难度大。第二，关于创业，尤其是创业教育的研究水平相对于其他学科较为落后，创业教育本身在理论研究和实践经验上都尚需进一步积累，这削弱了创业教育的科学性和有效性。

创业不可教观点源自对创业教育目标的理解过于狭隘。如果认为衡量创业可不可教的标准就是能否批量地培养出成功的创业者，那创业在很大程度上是不可教的。但如果将创业教育目标拓展为提升受教育者自主就业以及在各种条件下进行资源整合的能力，则创业在很大程度上是可教的。而且，随着脑科学、心理学和认知科学的进步以及教育理论技术的发展，后天教育对先天不足的弥补以及教育的科学性和有效性大大提升。但就创业对创业者本身能力和素质的要求来看，当前创业教育的质量和效果还不能够满足需要。

争议二：鼓励高校学生创业的正当性

针对海归创业、离职创业、科技人员创业和学生创业的调查数据显示，学生创业项目的整体水平较低，失败率高。而学生群体对创业失败承受力差，一旦创业失败，基本生活都可能受到影响。加上学生正处于通过学习积累知识、提升能力的关键时期，鼓励学生创业存在荒废学业的风险。所以，关于是否应当鼓励学生创业，一直存在争议。

高校开展创新创业教育并努力提升创新创业教育水平，与鼓励学生创业是两个分立的命题。但在具体实施上，许多高校把开展创新创业教育做成了鼓励学生创业。高校要始终致力于发展创新创业教育，但在鼓励学生创业方面，应当做好两方面工作：一是通过创新创业教育使学生的创业决策更加理性和谨慎；二是做好学生创业失败的保障工作。

争议三：高校开展创新创业教育的合理性

一直以来，高等院校都被称为“象牙塔”，进行学术研究和教书育人是高校的本职工作。在教育方面，高等院校应当致力于知识传授和品格塑造。创新创业教育一定程度上冲淡了高校纯粹的教育观，争论的焦点是高校应当动用多少资源开展创新创业教育，即把创新创业教育放在什么位置上，以及其重要程度如何。

创新创业教育应成为高等院校一个重要的教学板块。在处理创新创业教育与其他专业教育的关系上，应当创造创新创业教育与其他专业教育相得益彰、共同提升的局面，防止创新创业教育的开展对其他专业教育的负面影响，更要避免“一切教育围绕创业”的极端做法。

问题：针对上述争议，发表自己的看法并说明理由。

PROJECT 4

项目四
创新创业环境与团队

PROJECT 4

认知目标

了解大学生创新创业的环境分类及创业政策法规，了解创业团队组建要素和程序。

素养目标

树立团队观念，领会团队建设的重要性，具有团队合作精神。

运用目标

掌握典型创业环境分析方法，能够运用创业环境分析方法对大学生创业环境进行分析。

任务一　大学生创新创业环境分析

任务导入

黄安新大学期间就明确了自己要做一名创业培训讲师的目标。为此，他自学考取了相关职业资格证书，为自己的“培训师梦”奠定基础。2011 年，黄安新大学毕业，正值国家大力推行大学生创业，他把公司开到了当地经开区的创业大厦。创业大厦在办公条件等各方面对大学生创业予以照顾，让初次创业的黄安新节省了很多费用。2012 年，黄安新与云南财经大学共同创立了云财雅思品牌，成为一名年轻的校长。经过多年的发展，他的培训事业已经拓展和延伸到多个领域。

【启示】成功的大学生创业者是创业环境的利用能手。一方面，要从自己的条件出发，积极锻炼相关业务能力，改善自我小环境；另一方面，还要善于利用大环境，在创业中努力发现机遇、利用利好政策，助推创业进程。

创业环境是人们创业的条件，由综合因素构成。良好的创业环境，对创业企业的成长和发展具有推动和促进作用；反之，则限制和阻碍其发展。因此，大学生创业时，应重视创业环境的分析与研究，以有效地应付各种变化、充分把握各种时机。

一、创新创业环境概念

环境在时间、空间和内容上都直接制约着创新创业者的各种活动，不同国家和地区的社会制度、生产力状况、社会结构特点、科技发展水平、教育事业发展程度以及民族习俗、阶级属性、社会传统和文明水平等，都会对创新创业活动产生影响。广义的创业环境是指创业者自身及周围的境况，是在创业者创立企业的整个过程中，围绕着创业企业生存和发展变化，对其产生影响或制约其发展的一系列内部外部因素及其所组成的有机整体，是创业者及其企业产生、生存和发展的基础，是创业活动的基本条件。

二、创新创业环境分类

从大学生创业的角度看，可以把这些环境要素分为宏观和微观两个层面。

（一）大学生创新创业的宏观环境

一个国家或者地区的市场开发程度、政府的国际地位、信誉和工作效率、金融市场的有效性、劳动力市场完善与否、法律制度健全与否，形成了新创企业的外部宏观环境，对新创企业的生存和发展产生重要的影响。具体来说，创业的宏观环境包括：政治法律与政策环境、经济环境、社会文化环境、科技与教育环境。

政治法律与政策环境指的是党和国家制定的相关法律与政策等，可以分为大政策环境与小政策环境，前者是针对所有创业者的，后者则是针对某一特定人群的。以大学生创业者为例，大政策包括民营企业的地位转变，大力扶持高新技术企业，高等院校的技术转让收入免征营业税，高等院校服务于各行业的技术成果转让、技术培训、技术咨询、技术服务、技术承包所取得的科技性服务收入暂免征收企业所得税，税收优惠政策向西部倾斜，中小企业促进法等；小政策包括国家和各级政府为鼓励支持大学生自主创业相继出台的一系列有利于大学生自主创业的政策，包括教育部、国务院办公厅、财政部、发改委、人力资源和社会保障部、国家市场监督管理总局、团中央等针对大学生自主创业出台的相关政策和措施。

相关链接

大学生创新创业支持政策知多少

国家对于大学生创新创业有很多支持政策。教育部高校学生司、国家市场监督管理总局个体司对大学生自主创办企业流程和创业优惠政策进行了梳理，并对国务院、相关部委、各省区市支持大学生创新创业的文件进行了汇编，同学们可通过以下网址查询：

https：//www. ncss. org. cn/tbch/dxszzcyxcsc/

https：//www. ncss. org. cn/tbch/glzcdxscxcywjhb/

经济环境指的是一个国家或地区的整体经济状况，包括经济发展水平、社会经济结构、经济体制、宏观经济政策、物价水平、劳动力情况等。当前我国的经济结构正处于调整时期，大力扶持高新技术企业已被列为我国政府新时期的主要任务之一，国家已经相继出台了诸多政策扶持措施。国务院还批准设立了用于支持科技型中小企业技术创新项目的政府专项基金，这类项目应该是大学生创业的优势项目。

社会文化环境主要指的是一个国家或地区的民族特征、人口状况、社会阶层、价值观念、生活方式、风俗习惯、宗教信仰、伦理道德、文化传统等的总和。大学生在创业时，要对自己产品的消费对象有一个清楚的定位，应当密切注意人群特征以及发展动向，不失时机地辨明和利用人口状况带来的市场机会。比如北京某大学2005年调研报告表明，70%的大学生愿意创业，但是走上创业之路的不足3%，其中原因耐人寻味——家长的约束占了很大比例，一些家长根深蒂固的保守求稳思想影响着大学生创业。① 随着我国民众思想的不断解放，创业的文化环境会不断改善。

科技与教育环境指的是一个国家或地区的科技发展水平、国民受教育程度、人力资源的开发程度以及教育方式等。比如，我国职业学校中的广告设计专业的学生，他们即使在计划经济年代也绝大部分选择自主创业，因为他们的学习模式是边学边做，理论课课时只占其教学计划的20%，而实践课课时却占到了教学计划的80%，学生走出校门已是一个有着创意的职业人。

互动空间

台湾创业者：年轻人创业意愿浓 却苦于岛内环境不佳②

在2018年7月9日于北京举行的第三届京台青年创新创业大赛总决赛上，多位业者受访表示，台湾年轻一代有蓬勃的创业意愿，但岛内创业氛围不佳，而氛围不佳的主因，在于投资者对大环境的谨慎取态。日前有调查显示，逾七成的台湾年轻人有意或已经创业。一位台湾创业青年认为，台湾年轻人创业意愿很浓，却苦于投资环境不佳。反观大陆，投资人更愿意“赌”，配套设施更加完备，是如今全球创业者的“一级战区”。“所以我很早之前就想来大陆发展。”微观环境和宏观环境对创业者的影响都不容忽视，岛内一家企业孵化平台“种子基地”的创始人管若芬认为，两岸在创业领域的信息不对等，导致台湾的相关企业不了解大陆资本市场。两岸创新创业可互相协作、取长补短，让有强烈创业愿望的创业者不再创业无门，从大环境上为创业者提供更多支持。

---

① 林丽：《大学生创业环境分析》，载《经济师》，2010(9)。

② 杨程晨：《台湾创业者：年轻人创业意愿浓 却苦于岛内环境不佳》，载中国新闻网，2018-07-09，http://news.ifeng.com/a/20180710/59085418_0.shtml。

（二）大学生创新创业的微观环境

以上介绍了创新创业的宏观环境，主要针对的是创新创业面临的外部大环境的分析。所谓“知己知彼，百战百胜”，创业者在寻找和分析外部机遇时，时刻不能忘记对自身的优势与劣势进行分析。只有将优势与外部的机遇有机地结合起来，才能让创业活动走向成功。

创新创业的微观环境主要指向的是创业过程中创业团队、企业等的内部环境，是创业组织内部各种创业要素和资源的总称，比如人员、资金、设施、技术、产品、生产、管理、运行等方面的情况。微观环境是创业者的家园，是创业活动的根基。大学生创新创业的微观环境分析主要是从创业团队、资金及其来源、产品竞争力、技术开发水平、生产工艺、市场渠道能力、货源等方面找出自身的优势和劣势。创业愿望是创业者需要开发的第一资源。大量的研究表明，强烈的创业愿望几乎是成功创业的充分条件。只要创业者具有这一强劲的内驱力，那么他就会一次次地寻找商机，充满激情地去创业。

创业愿望是被唤起的初衷，隐藏于创业者心灵深处，是他最初的、最原始的、难以忘怀的心愿；创业愿望是被激发的渴望，是创业者一直想做的，但由于种种原因的限制而始终未能如愿的事业；创业愿望是被挖掘出的价值，它在创业生活中具有至高无上的地位，比做其他事业更有价值；创业愿望是理性的选择，是根据创业者真实的现实情况而清理过的初衷、渴望和价值，是创业者激情和理智的选择。在很多情况下，是创业者的无形资源决定有形资源的开发和利用，即创业者创业愿望的强烈程度、创业动机与目的的不同和成功创业标准的水平决定着创业者自身的哪些东西可以成为创业资源。能否将创业者身上的“一根草”变成创业的“法宝”，全在创业者如何将自己的资源优势开发和利用为创业资源。作为一个创业者，首先要思考什么是你的创业资源，其次要考虑这些资源在怎样的运作下才能成为优秀的资源，要跳出传统的框框去思考。

一个成功的创业者，对其创业的宏观环境和微观环境都必须加以关注。如果只关注宏观环境，而忽视对自身能力、团队等的进一步训练，将难以适应创业环境对企业发展提出的新要求；若一味关注自身创业愿望、信念等微观要素，而忽略创新创业大环境的变化，则容易偏离创业市场发展趋势，让创业成效打折扣。

互动空间

潘升龙，淮南师范学院经济与管理学院电子商务专业学生。他从大一就开始着手创业，最先从创立叁颗枣电子商务有限公司开始，在淮南市潘集区平圩经济开发区食品工业园注册了叁颗枣电子商务有限公司，定位于互联网滋补养生，依托线上C2C、B2C平台销售特色食品，旗下拥有三颗红枣和食源善本两个品牌。在创业初期，这个项目就引起了学校领导和老师的高度重视。学校领导和老师对其展开进一步的创业指导，提供创业意见。同时，这个项目还受到了淮南市领导的关注。

潘升龙的创业是很成功的，请从创业环境分析的视角，解析帮助他创业成功的环境因素。①

三、 大学生创业环境分析

扫描二维码
观看微课

（一）大学生创业环境的SWOT分析

1. SWOT 分析概述

所谓SWOT，S指企业内部的优势(Strengths)，W指企业内部的劣势(Weaknesses)，O指企业外部环境的机会(Opportunities)，T指企业外部环境的威胁(Threats)。SWOT分析最早是由美国旧金山大学管理学教授于20世纪80年代初提出的，是目前被企业和研究者最为广泛使用的战略分析工具之一。该分析是将与研究对象密切相关的各种内部优势因素、内部劣势因素、外部机会因素与外部威胁因素通过调查罗列出来，并依照矩阵形式进行排列，然后运用系统分析的思想，把各种因素相互匹配起来加以分析，从中得出一系列相应的结论。SWOT分析法，就是综合考虑企业内部条件和外部环境的各种因素，进行系统评价，从而选择最佳经营战略的方法。

2. SWOT 分析内容

(1)大学生创业环境的优势(Strengths)

大学生创业企业所具有的优势是指能为创业企业带来重要竞争优势的积极因素

---

① 蔡佳钰：《高校大学生自主创业的案例研究——以淮南师范学院为例》，载《教育教学论坛》，2018(44)。

或独特能力，包括大学生具备较为全面的专业领域知识，创立期企业所具备的成长优势，在一些高科技领域由于获得自主知识产权而带来的成本优势，新颖的产品或服务等。因此，大学生需要不断地寻找匹配其优势的机会，从而帮助创业企业优化协同效应，实现创业企业的战略目标。

(2)大学生创业环境的劣势(Weaknesses)

大学生创立企业所存在的劣势是指限制企业发展且有待改正的消极方面，例如当前的能力或资源的不足、不良形象或声誉、缺乏现金流、高额的沉没成本、大量的客户投诉以及优秀人才的短缺等。因此，大学生在创立企业的过程中应当保持正常的资金流，同时在进入的行业中树立优秀的企业形象，培养和吸纳更多的优秀人才，避免创业环境中的劣势带来的不利影响。

(3)大学生创业环境的机会(Opportunities)

大学生创业所面临的机会是随着企业外部环境的改变而产生的有利于企业的时机，例如有利于创业企业发展的政府法规出台、新市场出现、不断改善的经济因素或者竞争对手的破产、在原有市场细分的过程中对于创业企业市场的再细分优势等。机会也是一种趋势，如果给定适当的战略对策，就可以导致销售和盈利的上升。

(4)大学生创业环境的威胁(Threats)

大学生创业所受到的威胁是随着企业外部环境的改变而产生的不利于企业的时机，例如宏观政治或经济的动荡、不利于企业的立法出台、人们对环境影响的认识以及竞争对手替代产品的不断推出等。创业企业所面临的威胁总是存在的，因为外部环境分析并没有限制研究的范围，其结果可能是造成资源的大量支出，但对创业企业的战略影响不大。

威胁是趋势事件，对于目前销售和盈利骤然下降这种情形提供不了战略对策。例如，随着消费者环保意识的不断增强，在创业企业的供应链中就需要进一步增加相关企业社会责任的战略对策，但大学生没有意识到相关的影响可能导致难以和消费者的需求保持一致。

因此，对于大学生创业环境机会和威胁分析中所涉及的外部相关因素，应当有的放矢，将重点放在寻找机会和创业企业的战略选择上，尽量回避相关的环境威胁。

优势	劣势
拥有较为全面的专业知识 创立期企业所具备的成长优势 自主知识产权所带来的成本优势 新颖的产品或服务	新产品或服务质量的低下 缺乏市场知识与经验 融资渠道的固有限制 社会关系、人力资源的缺乏
机会	威胁
不断改善的宏观经济环境 发展中的新型市场 有利于创业企业的政策法规 市场再细分过程中出现的新型市场	通货膨胀的宏观经济环境 新的创业市场竞争对手 不利于创业企业的政策法规 竞争对手替代产品的推出

互动空间

获得天使和A轮投资的90后创业者的创业环境分析[①]

余佳文，一个90后年轻人，虽然就读的大学并不是一流大学，但是他却在2011年开始开发“超级课程表”项目，并获得天使和A轮投资，用户数量破百万。现运用SWOT分析法分析其创业环境并得到一些启示。

优势	劣势
1. 创业者都为90后，有很高的创业热情，并与目标顾客人群年龄接近，便于获取信息。 2. 拥有丰富技术资源，余佳文毕业于广州大学华软软件学院，有相关技术和指导。 3. 项目市场占有率低，有大好发展前景。 4. 项目有明显的创意优势。 5. 客户资源丰富，全国在校大学生数量有3000万左右。	1. 产品经验不足：由于是新兴行业，所以没有太多的前人经验作为借鉴，大多数需要自己进行开发和创造，难度较大。 2. 管理经验不足：整个团队都由90后组成，拥有管理经验的人才较少。

① 王芷婷：《大学生创业的SWOT分析》，https://max.book118.com/html/2018/1014/6034004002001223.shtm，2018-10-19。

续表

机会	威胁
1. 创业环境：如今社会创业环境好，再加上国家大力扶持大学生创业，如果拥有较大发展前景和具备可行性的创意，就可以得到不错的投资和贷款。 2. 市场机会：该市场占有率低，有较大的市场。提前占有可以发展客户群，有利于团队和企业的发展。	1. 市场竞争情况：今年出现了许多类似软件，市场竞争压力增加。 2. 管理经验不足：比如2013年9月，由于开学新生用户暴增，“超级课程表”服务器崩溃，产生负面影响。

基于对余佳文的创业环境SWOT分析，我们可以得出一些启示，例如：

(1)创业者要基于环境需求，充分开发脑洞，想出有创意的项目来。可以对于那些并没有多大市场占有率的项目进行研发，在具有特点和吸引力的同时，可以先占领客户群，提高市场占有率。

(2)要学会利用环境中的优势资源。在创业初期，由于价值网络还未构建完成，更要注重自己身边的资源。

(3)要相信自己，禁得住打击和挫折。创业环境纷繁复杂，挫折很常见，坚持下去的信念和解决问题的执行能力是一个成功创业者所必备的。

(4)做好对周边问题的充分分析，问题看长远，不怕被质疑，认真完成自己的每一步计划。

（二）基于全球创业观察模型的评估

扫描二维码
观看微课

1. 全球创业观察模型概况

创业环境是一个较为抽象的概念。如何将抽象化为具体，让创业环境评估具有可操作性，这是大学生创新创业需要解决的问题。在众多创新创业评估模型中，全球创业观察(Global Entrepreneurship Monitor，GEM)的分析框架最为广大创业者所熟悉。全球创业观察项目是由英国伦敦商学院和美国百森学院共同发起，其成立的宗旨是通过研究全球创业活动态势和变化，发掘国家创业活动驱动力，评估国家创业政策。这个模型分为一般条件和创业条件，一般条件是企业发展的基础和环境，创业条件是创业活动的基础和环境。一般条件包括开放程度、政府、金融市场、技术和研究开发、基础设施、管理、劳动力和制度等，创业条件由金融支持、政府政策、政府项目、教育与培训、研究与开发转移、商业和专业基础设施、市场开放程度、有形基础设施状况、文化和社会规范九个方面组成。

2. 全球创业观察模型构成要素

(1)金融支持

金融支持指的是新创立和成长型企业获得金融支持和资源的程度，包括馈赠和政府拨款。这一维度也考察金融支持的质量和可利用程度，包括权益资本、种子期投资和债务资本、财政部门对创业的理解。从全球创业观察参与国家和地区的情况来看，创业企业的资金一般来自于三种途径：一是私人权益资本，包括自有资金、私人借贷和引入私人股权投资等；二是创业资本融资；三是二板上市融资。

(2)政府政策

政府政策指的是地区和城市政府政策及其实施情况，涉及税收和政府规章制度等方面多大程度上保持中立，以及是否阻碍或者鼓励新创立和成长型企业。

(3)政府项目

政府项目指的是各级政府(城市，地区)对于新创立和成长型企业可以直接提供的项目。这一维度也考察政府项目易获取性和质量、政府人力资源的有效性和质量以及他们管理特殊项目的能力和服务的效用。

(4)教育与培训

教育与培训指的是各个层次的教育与培训系统在创立或管理小型企业、新创企业和成长型企业培训方面公司化的程度。这一维度也考察创立或管理小型企业、成长中企业的教育和培训质量、实用性和深度，教育系统在各个层面对待创新和创造性研究的哲学观，教授创业课程的培训师的能力，创业者和管理者们在企业中的专业技能。

(5)研究与开发转移

研究与开发转移指的是城市研究与开发在多大程度上创造新的商业机会，以及研发是否可以为新创立的企业和成长中的企业所用。这一维度也考察以下几个方面：企业责任和专利法规的法律含义，研究者处理工业问题的能力，城市的创新水平，城市的研发导向，政府、行业和教育机构的承诺，应用研究的重要性的提升，支持高科技创业的基础设施的可用性和质量。

(6)商业和专业基础设施

商业和专业基础设施指商业、会计和其他法律服务和机构对于允许和促进新创企业、小型企业和成长中的企业的影响，同时也考察来自一般资源的信息的可获取性。

(7)市场开放程度

市场开放程度指商业贸易规定的稳定性和不变程度，避免新创立和成长中的企业与现有的供应商、分销商和咨询顾问竞争并取代他们。该维度也考察市场是否缺乏透明度、政府建立市场公开体制的政策、市场结构，以及所有的公司在公平的游戏规则下竞争的程度。

(8)有形基础设施状况

有形基础设施状况指可利用的有形资源的质量和获得的难易度，比如通信设施、邮政服务、互联网、公共设施、交通设施、土地和办公与停车空间、土地成本、财产所有权、办公用地租金等。同时还包括原材料和自然资源的质量和获得的难易度。创业的基础设施配套包括三个方面，一是各项基础设施是否能为新创企业提供良好支持，二是新创企业获得基础设施服务的费用负担，三是新创企业获得基础设施服务的便利性。

(9)文化和社会规范

文化和社会规范指现存的文化和社会规范是否鼓励个人行为，这种行为导致人们以新的运营模式从事商业或者经济活动。反过来，这又会导致社会财富和收入的分散。该维度也调查人们对于创业的一般态度，以及对待失败、风险和财富创造的态度和这种态度对创业活动发展的影响。

互动空间

将GEM框架运用于创新创业环境分析已经是一个较为成熟的研究领域。在创业过程中，学会运用科学的方法进行环境分析具有相当的必要性。以下是根据GEM框架设计的一份创业环境调查问卷，请根据本区域创业环境做出自己的评价。评价时，请用1～5分进行评分。其中，1分表示对该题目的描述“完全不同意”，2分表示“比较不同意”，3分表示“既不反对也不同意”，4分表示“比较同意”，5分表示“完全同意”。

序号	题项	评分
1	金融支持	
	有充足的权益资金提供给新成立的和成长型企业	
	有充足的债务资金提供给新成立的和成长型企业	
	有充足的政府补助提供给新成立的和成长型企业	
	创业投资是新成立的和成长型企业的重要私人权益来源	
	有充足的首次公开发行(IPO)融资渠道提供给新成立的和成长型企业	
2	政府政策	
	政府政策(如公开采购)一直对新成立的和成长型企业优惠	
	对新成立的和成长型企业的扶持是地方政府制定政策时优先考虑的	
	新成立的和成长型企业以在一周内获得所需要的准许和许可证	
	税务不构成新成立的和成长型企业的负担	
	政府对新成立的和成长型企业的支持政策是有效	
3	政府项目	
	新成立的和成长型企业可以通过单一的代理机构获得广泛的政府支持	
	科技园和孵化器给新成立的和成长型企业提供了有效的支持	
	政府对新成立的和成长型企业的支持项目充足有效	
	政府机构工作人员支持新成立的和成长型企业的工作是胜任和有效的	
4	教育与培训	
	中小学教育鼓励创造性、自立和个人的主动性	
	大学里设置了足够的关于创业的课程和项目	
	商业和管理教育为新成立的和成长型企业提供了充分的准备	
	职业技术教育和再教育体系为自我雇佣做了很好的准备	
5	研究与开发转移	
	新技术、新科学和其他知识迅速从高校、研究机构向新成立的和成长型企业转移	
	政府提供给新成立的和成长型企业足够的资助用于获得新技术	
	科技基础至少在某一领域能够有效地为世界水平的新技术创业提供支持	
	工程师和科学家有能力支持新成立的和成长型企业进行研究成果的商业化	
6	商业和专业基础设施	
	有足够的分包商、供应商和咨询机构为新成立的和成长型企业提供帮助	
	新成立的和成长型企业容易得到好的、专业的法律和会计服务	
	新成立的和成长型企业容易得到好的银行服务(会计核准、汇兑、信用证)	

续表

序号	题项	评分
7	市场开放程度	
	消费品和服务市场每年的变化很显著	
	成熟企业没有设置不公平的市场壁垒妨碍新成立的和成长型企业进入	
	反垄断和知识产权保护等法律是有效的并得到了有力的执行	
8	有形基础设施状况	
	基础设施(道路等)为新成立的和成长型企业提供了良好支持	
	新成立的和成长型企业可以比较低廉地、快速地获得通信(电话、互联网等)服务	
	新成立的和成长型企业可以在一个月左右时间内获得水、电、气、排污等基本条件	
9	创业文化和社会规范	
	本地文化非常鼓励通过个人的努力获得成功	
	本地文化鼓励创业者承担风险	
	本地文化鼓励创造和创新	

创业环境的分析方法有很多，掌握并运用典型的创业环境分析方法，能够帮助大学生在创业过程中更清楚地分析所处创业环境情况，为创业者决策及创业团队发展带来更多支持与帮助。

拓展阅读

扫描二维码
观看微课

大学生创新创业平台知多少

当下，大学生创新创业平台有很多，同学们在创新创业过程中可充分利用各种平台带来的资源，依托平台开展创新创业活动。目前，大学生创新创业平台主要有以下几类。

一、依托高校的平台

1.“挑战杯”中国大学生创业计划竞赛

“挑战杯”中国大学生创业计划竞赛借助风险投资运作模式，要求参赛者组成学科交叉、优势互补的竞赛团队，就一项具有市场前景的技术产品或服务，以获得风险资本的投资为目的，完成一份完整的创业计划书。“挑战杯”中国大学生创业计划竞赛被誉为中国大学生创新创业类比赛的“奥林匹克”盛会，是目前最热门、最受关注的国内大学生创新创业竞赛，每两年开展一次。竞赛采取学校、省（自治区、直辖市）和全国三级赛制，分预赛、复赛、决赛三个赛段进行。

2. 国家级大学生创新创业训练计划

国家级大学生创新创业训练计划内容包括创新训练项目、创业训练项目和创业实践项目三类。创新训练项目是大学生个人或团队在导师指导下，自主完成创新性研究项目设计、研究条件准备和项目实施、研究报告撰写、成果（学术）交流等工作。创业训练项目是大学生团队在导师指导下，由团队中每个学生在项目实施过程中扮演一个或多个具体的角色，完成编制商业计划书、开展可行性研究、模拟企业运行、参加企业实践、撰写创业报告等工作。创业实践项目是大学生团队在学校导师和企业导师共同指导下，采用前期创新训练项目（或创新性实验）的成果，提出一项具有市场前景的创新性产品或者服务，以此为基础开展创业实践活动。赛事按照国家、地方、高校三级计划实施体系的要求推进。参加“国创计划”的地方高校由地方教育行政部门从省级大学生创新创业训练计划参与高校中推荐，地方财政与学校予以经费支持。

3. 全国大学生电子商务“创新、创意及创业”挑战赛

全国大学生电子商务“创新、创意及创业”挑战赛（简称“三创赛”）是由教育部高等学校电子商务专业教学指导委员会面向全国高校（含港澳台地区）举办的大学生竞赛项目，是落地于企业与社会实际、以创业就业为导向，激发大学生兴趣与潜能的重要赛事，是进一步促进大学生创新创业的能力、促进大学生在电子商务领域的就业和创业、促进“互联网＋”行动计划落实的产学研合作的新型比赛。

4.“学创杯”全国大学生创业综合模拟大赛

“学创杯”全国大学生创业综合模拟大赛是由高等学校国家级实验教学示范中心联席会经管学科组主办的一项大型创业赛事。该项赛事主要采用杭州贝腾科技有限公司的《创业之星》软件作为竞赛平台，让学生体验企业若干轮虚拟年度的创业经营决策，从而了解企业管理过程中可能遇到的各种情况与决策内容，提高学生的实践动手能力、对企业的综合管理能力，以及分析问题、解决问题的能力。大赛面向全国所有高校在校学生，采用校内初赛—省级复赛—全国决赛的方式进行。最终总决赛将评选出全国十佳“学创之星”团队，其同时获得企业实习直通车和就业机会。

5. 中国“互联网＋”大学生创新创业大赛

中国“互联网＋”大学生创新创业大赛2015年由李克强总理亲自提议举办。参赛

项目要求能够将移动互联网、云计算、大数据、物联网等新一代信息技术与经济社会各领域紧密结合，培育基于互联网的新产品、新服务、新业态、新模式，其主要包括“互联网＋”现代农业、“互联网＋”制造业、“互联网＋”信息技术服务、“互联网＋”商务服务、“互联网＋”公共服务、“互联网＋”公益创业6种类型。大赛采用校级初赛、省级复赛、全国总决赛三级赛制，参赛者须以团队为单位报名参赛，允许跨校组建团队。目前大赛已经成为覆盖全国所有高校、面向全体高校学生、影响最大的赛事活动之一。

二、依托政府或部委的平台

1. 中国创新创业大赛

中国创新创业大赛由科技部、财政部、教育部、国家网信办、全国工商联主办，至2018年已举办第七届。大赛组委会办公室在行业总决赛期间将组织配套活动，为企业免费提供多元化服务，主要包括培训辅导、融资路演、展览展示、大企业对接等。大赛分报名、地方赛和总决赛三个阶段。报名阶段，所有参赛企业和团队登录大赛官网统一注册报名，大赛官网是报名参赛的唯一渠道。地方赛阶段，各省级科技管理部门根据大赛组委会办公室制定的统一评审规则和流程组织“中国创新创业大赛”统一冠名下的本地区赛事，通过逐级淘汰方式产生优胜企业和团队。大赛组委会办公室根据报名数量和地区赛事开展情况，向各赛区分配入围总决赛的企业和团队名额。总决赛阶段，按照行业进行比赛，最终决出个人奖及优秀奖。获奖个人及团队将获得一定的创业扶持资金和配套政策支持。

2. 中国青年创新创业大赛

共青团中央、工业和信息化部、人力资源和社会保障部、农业部、中国邮政储蓄银行、中央电视台于2014年共同策划举办首届“盐商杯”中国青年创新创业大赛。大赛采取第二、第三产业和涉农产业分赛制，即统一赛事名称，第二、第三产业创新创业项目和涉农产业创新创业项目采用不同赛制，由团中央城市青年工作部和农村青年工作部分别组织实施。大赛采用“主体赛＋分组赛”赛制，分商工组、现代农业和农村电子商务组、互联网组，在各分赛事中获奖的项目将获得一定的政策支持。

3. 中国农业科技创新创业大赛

中国农业科技创新创业大赛由科技部农村科技司、国家科学技术奖励工作办公室等多个国家单位主办，旨在创造风险投资与农业科技创业团队对接的范例，培育用现代服务业引领推动现代农业产业发展的生态环境。大赛评选过程分为初选、初赛、复赛、决赛四个阶段，决赛设农业科技创新创业奖。初创项目组和企业成长组两个类别各自独立评选、独立设奖，分别授予农业科技创新创业奖初创项目组一、二、三等奖及特别奖和企业成长组一、二、三等奖及特别奖。获奖项目还将获得中农科创投资股份有限公司的捆绑投资，以及相关落地政策、科技政策、服务平台、免费推介等支持。

4. 中国科技创业计划大赛

中国科技创业计划大赛由宁波市人民政府、科技部火炬高技术产业开发中心、国家科技风险开发事业中心主办，开始于2002年。大赛面向海内外科技型企业、科技创业人员(专利技术、科技成果持有者)以及进入创业实施阶段的科技项目，从创业计划书入手，进行创业理念和实践的培训。进而以大赛为载体，整合国内孵化器的创业资源，打造中国最有影响力的早期科技创业投融资技术服务平台。大赛组委会将邀请创业风险投资专家对参赛企业、人员、项目的创业计划给予指导和帮助。

三、依托企业的平台

1. 创新工场

创新工场由李开复博士创办于2009年9月。作为国内一流的创业投资机构，创新工场深耕人工智能与大数据、互联网金融、消费升级、教育、文化娱乐等信息产业最热门的领域，并不断探索与创新，致力于打造集创业平台、资金支持、投后服务等于一体的全方位生态投资服务平台。创新工场投资中国最顶尖的创业人才，他们不仅在专业领域有深厚积累、熟知专业领域的方方面面，而且具备优秀的创业者素质。创新工场的资金来自全球投资者，其中包括顶尖的专业投资机构和战略性投资者，也包括知名家族和个人。他们愿为创业者提供有力支持，共同打造世界级的创业公司。

2.“千人计划”创业大赛

“千人计划”创业大赛由“千人计划”创投中心(东沙湖股权投资中心)和“千人计划”专家联谊会共同举办，旨在为世界各国怀揣梦想的创业人才搭建在中国创业的平台，建立与资本、市场、产业对接的桥梁，为早期创业企业注入成长的力量。大赛自2012年启动以来，每年举办一届。大赛面向所有拥有激情和梦想的创业团队和早期创业企业，如果企业已经成立，需要它注册成立不满两年。大赛一般包括“报名—初赛—复赛—导师辅导—决赛”几个环节，进入决赛的项目将获得知名基金投资融资对接、产业资源拓展等一系列服务。

任务二　创新创业团队的组建

任务导入

“Are You OK”是2015年4月小米科技首席执行官雷军在印度的产品发布会上的开场白，其不标准的英语发音和不恰当的语句使用引发了网友的热议和吐槽。实际上，雷军很擅长产品的构想与运营，是其科技公司的“技术灵魂”之一，但在公开演讲方面，他需要一个甚至一群可以成为左膀右臂的人。作为锤子科技的首席执行官，罗永浩却擅长公开演讲。公司成立后，他首先想到的就是要建立强大的技术团队，因为技术方面确实不是他的优势领域。而做手机之类的科技产品，没有技术就会成为行业的笑话。

【启示】即使是有名的成功创业者，也有自己的短板。雷军、罗永浩之所以能取得如此辉煌的成就，关键在于他们在创业过程中都拥有优势互补、目标统一的团队。在团队中，每个人都能发挥自己的作用，共同抵抗风险、努力奋进。

企业的创建者可以是个人，也可以是团队。一些有着共同愿景和价值观的人，怀着对梦想的憧憬而走到一起，形成最初的创新创业团队。他们通过对资源和生产要素的重新组合，来开发自己的产品和服务，满足市场和消费者的某种需求。那么，什么是团队？团队由哪些要素构成？团队的类型有哪些？怎样组建和管理学生创新创业团队呢？本次任务将带领同学们一一对此进行探讨和学习。

一、什么是创新创业团队

创业的人们熟悉一句话：没有完美的个人，只有完美的团队。所谓“人多力量大”“众人拾柴火焰高”，在创业的路上，一个人可能走得很快，但一群人可能会走得更远。“团队”对于创新创业者而言，是一个不可回避的话题。成功的创业者在企业做大做强的过程中，一定不会单枪匹马、踽踽独行，他们会不停地吸纳智者、挖掘强者，组成一个个促进事业发展的重要力量——团队。

相关链接

团队和群体的区别

一群人集中在一起，是否就可以称为一个“团队”？一个创新创业团队的核心要素是什么？如果你是企业创始人，你会从哪些方面考虑组建自己的团队？早在1895年，法国心理学家古斯塔夫·勒庞就对人类的群体现象做出了“原始”的研究，并完成了经典著作《乌合之众：大众心理研究》。他认为，当人们聚合在一起，为了某个目标而努力时，个体的意识将会失去，取而代之的将是原始行为、幼稚行为和犯罪倾向的爆发。后世研究者根据这样的思路发现，人们在群体中不一定都会产生极端的犯罪行为，然而确实会受到有意或者无意的影响，例如群体助长效应、从众效应、极端化行为、绩效增长或减退等。在群体中的人并不都会因为被影响而提高绩效，事实上，创业团队中也会出现凝聚力低、绩效差等现象，进而阻碍群体发展。马云团队、罗振宇团队、乔布斯团队都有过类似的经历。由于团队凝聚力不足、目标不一致、成员彼此无法信任而产生的懈怠现象不仅仅是像“拔河比赛大家都不出力，最终输掉比赛”那样轻松和简单，团队中的某个个体懈怠时，会产生“多米诺骨牌”般的倒塌效应。这时，虽然他们表面上仍然是创业团队，但是从精神状态上已经不能称之为团队，充其量只能称之为一群“乌合之众”。

团队成员对是否完成团队目标一起承担责任并同时承担个人成败责任，而群体成员则只承担个人成败责任；团队的绩效评估以团队整体表现为依据，而群体的绩效评估则以个人表现为依据；团队的目标实现需要成员间彼此协调且相互依存，而群体的目标实现则不需要成员间的相互依存性；团队较之群体在信息共享、角色定位、参与决策等方面也进了一步。

（一）创新创业团队的构成要素

创新创业团队须具备目标(Purpose)、人员(People)、定位(Place)、职权(Power)、计划(Plan)5个重要的构成要素。

1. 目标(Purpose)

创新创业者为什么要建立团队，希望通过创新创业团队达到什么目的，是组建团队首先要考虑的问题。团队与群体最大的不同在于有着共同的愿景，团队所有的行动都围绕这个愿景展开。通过团队的建设努力达到创新创业群体的预设需求，即目标。

2. **人员(People)**

人员是团队的核心要素，团队发展最终能否获得成功还得取决于人员本身。在选择和确定团队成员时，要根据候选人在团队中的不同作用而有针对性、有区别地进行。总体上，候选人的技能、学识、经验和才干是选择团队成员时的重要考量因素。

3. **定位(Place)**

创业团队的定位要解决两个问题：一是明确团队自身在企业中处于什么位置，由谁选择和确定团队的成员，团队对谁负责等；二是个体在团队中的定位，即团队成员应分工明确，确定各自承担的责任，来自不同领域的成员能够发挥各自作用，成为一名具有合作性的团队伙伴。

4. **职权(Power)**

所谓职权，是指团队担负的职责和相应享有的权限。创业团队中的权力包括两种：一是团队领导人的权力，其大小与创业团队的发展阶段相关。一般来说，在创业团队发展的初期，领导权相对比较集中；团队越成熟，领导人拥有的权力相对越小。二是团队权力，要确定整个团队在组织中拥有什么决定权，比方说财务决定权、人事决定权等。

5. **计划(Plan)**

在确定了团队的目标、人员、定位、职权之后，接下来的问题就是如何根据目标制订计划，来指导各个团队成员分别做哪些工作以及怎样做。计划只有一步一步地认真落实，才会贴近并最终得以实现目标。

（二）创新创业团队的类型

根据团队中组成者的角色和定位，创新创业团队可以分为三种类型：星状团队、网状团队和虚拟星状团队。

1. **星状团队**

在星状团队中，一般有一个核心主导人物充当领军者的角色。这种团队在形成之前，一般是核心主导人物有了创业的想法，然后根据自己的设想进行创业团队的组织。因此，在团队形成之前，核心主导人物已经就团队组成进行过仔细思考，根据自己的想法选择相应人物加入团队。其他团队成员可能是核心主导人物以前熟悉的人，也可能是不熟悉的人，在企业中更多的时候是支持者的角色。星状团队组织结构紧密，向心力强，核心主导人物在组织中的行为对其他个体影响较大。核心主导人物的能量大，因此在许多事情上决策程序也相对简单，组织效率较高。但也容易导致权力过分集中，从而使决策失误的风险加大。特别是当其他团队成员和核心主导人物发生冲突时，因为核心主导人物的特殊权威，其他团队成员往往处于被动地位，在冲突较严重时一般都会选择离开团队，因而对组织的影响较大。

2. 网状团队

网状团队一般由关系较为亲密的多人创建，比如同学、同事等。通常都是在交往过程中共同认可某一创业想法并就创业达成了共识以后，开始共同进行创业。在团队刚组成时，没有明确的核心人物，大家根据各自的特点进行自发的组织角色定位。因此，在企业初创时期，各位成员基本上扮演的是协作者或者伙伴角色。相比星状团队对核心主导人物的重视和依赖，网状团队的主要领导人往往具有同等的地位，他们相互促进、监督、制约，组织机构方面往往呈现多头领导的局面。在这种团队中，当团队成员之间发生冲突时，一般都采取平等协商、积极解决的态度消除冲突，因此只要矛盾得以解决，团队成员不会轻易离开。但是一旦团队成员间的冲突升级，使某些团队成员撤出团队，就容易导致整个团队涣散。

3. 虚拟星状团队

虚拟星状团队是星状团队和网状团队共同演化而来的实践结果。与星状团队相似的是，虚拟星状团队也有一个核心人物，在团队中充当着代言人的角色。与星状团队不同的是，这个代言人不一定是创立企业的第一人，其地位的确立更可能是团队成员协商的结果，因此即便是核心人物，在团队中也没有绝对的决策权。此类团队与网状团队有一定的相似性，即团队的决策必须充分考虑其他团队成员的意见。这样的团队组织形式吸收了星状团队和网状团队的优点，若团队成员能各司其职、发挥作用，团队的抗压、抗风险能力将不断提升。要组建这样的团队，需要长期的创业经验积累，才可能避免核心人物作用不大、团队成员不干实事等问题。

互动空间

新东方团队的"合伙"之道

电影《中国合伙人》讲述了20世纪80年代至21世纪初，三个年轻人在学生时代相遇，共同创办英语培训学校，最后将企业在海外上市的故事。这个剧本的原型是国内一家叫新东方的上市机构，创始人俞敏洪、王强、徐小平在公司的管理上三分天下：俞敏洪做出国英文培训，徐小平做留学咨询，王强做口语，互不干涉，各挣各的。公司股权分配完成后，俞敏洪作为第一创始人，占股45%，其他两位各占10%。虽然股权不同，但在公司管理上，王强、徐小平认为，公司内部权力必须有"监督和制约"的精神，所以要长期扮演俞敏洪的"唱反调者"，对俞敏洪的决策适时提出批判与建议。这样的团队管理理念让新东方在出国热潮兴起的时代迅速崛起，乃至于直到今天，仍然是出国、留学、口语培训行业的佼佼者。

二、 怎么组建创新创业团队

（一）基本原则

1. 目标明确

目标必须明确，这样才能使团队成员清楚地认识到共同的奋斗方向。与此同时，目标也必须是合理的、切实可行的，这样才能真正达到激励的目的。

2. 成员互补

创业者之所以寻求团队合作，其目的就在于弥补创业目标与自身能力间的差距。只有团队成员相互间在知识、技能、经验等方面实现互补时，才有可能通过相互协作发挥出协同效应。

3. 精简高效

为了减少创业期的运作成本、最大比例地分享成果，创业团队人员构成应在保证企业能高效运作的前提下尽量精简。

4. 动态开放

创业过程是一个充满了不确定性的过程，团队中可能因为能力、观念等多种原因不断有人离开，同时也有人要求加入。因此，在组建创业团队时，应注意保持团队的动态性和开放性，使真正完美匹配的人员能被吸纳到创业团队中来。

（二）发展阶段

大部分创业团队的形成和发展都包含以下步骤。

第一，从创始人到合伙人：寻找志同道合的互补者，说服其共同前行。

第二，从合伙人到核心团队：根据目前团队现状，充实、完善团队。

第三，从核心团队到创业团队：积极借助内外部资源，对团队进行有效的管理。

（三）优秀团队的特质

1. 领导特质

一个优秀的团队领导应该具有以下特质。

第一，具有感召力的性格。每个人都有自己的性格，对于一个优秀的团队领导来说，性格中应具备的最重要的点就是感召力。一个具有感召力的领导，善于调节自身工作情绪，有效调动团队工作热情，与团队成员实现有效沟通。

第二，良好的人际关系。创业不是闭门造车，需要不断拓宽行业市场。因此，具有良好人际关系的领导者，对于带动团队向更好、更远发展有重要意义。善于沟通、善于激励、善于帮助等都会产生良好的人际关系。

第三，丰富的知识结构。创新创业是一个复杂的过程，领导者在创业中不仅要应对层出不穷的烦琐事务，更要为企业发展指定方向。当下，社会经济发展为创新创业带来更多契机，也带来更多挑战。创业者如何从纷繁复杂的形势中找到适合企业发展的道路，一定程度上取决于团队的掌舵人——领导者的决策水平。丰富的知识结构能够帮助团队领导在关键时刻掌控住局面。

第四，身经百战的经验。跌倒是每个创业者的必修课。即使最为成功的创业者，也面临过事业的起伏。在这些关键时刻，如何带领团队仍然前行，是领导者面临的一大考验。如果一个领导者从基层做起，几经起伏，有身经百战的经验，那么他可能会走得更稳，失误也会更少，对事情的理解程度也更深刻。创业团队领导不应该惧怕创业中的小事故，应该把处理事故的方法与心得积累起来，让其成为今后带动企业发展的宝贵经验。

2. 团队成员特质

优秀的团队成员，在忠诚度、团队精神、责任心、自我评估、业务能力五个方面具有突出的表现。

第一，忠诚度。忠诚是企业对员工的基本要求，也是支持创业团队走得更远的基本人格要素。团队成员应该遵守契约精神，在团队中保持忠诚。只有大家忠于团队，心才齐，劲才能往一处使。

第二，团队精神。具有团队精神的团队成员，能够顾全大局、相互协作，工作责任心强，具有勇于奉献的观念和境界，容易形成团结、奋斗、和谐、协作、高效的团队文化和团队风格。

第三，责任心。是否具有责任心反映在团队成员对自身工作的态度上。一个有责任心的员工，能够兢兢业业、认真负责，对于自身负责的工作一丝不苟，勇于担当、乐于奉献。有责任心的团队成员组成的团队，团队力量会出现“1＋1＞2”的情况，并且不容易产生遇事相互推诿、遇困难停滞不前的情况。

第四，自我评估。在团队中，每个人的角色或定位是不同的。在团队成员找准自己定位的过程中，自我评估具有重要作用。优秀的团队成员，清楚地知道自己在团队中的职责和使命，明白自己该做哪些事情、不该做哪些事情。

第五，业务能力。优秀的团队成员，一定要有相关的业务能力，简单来说，就是能够承担要完成的工作。例如，与客户打交道，没有相关的专业沟通能力，工作的专业知识也不够，就无法承担要完成的工作；计算机工程师与用户打交道，如果没有相应的专业技术知识，就无法满足用户需求，也就无法推进项目的进展。

互动空间

腾讯创始人的团队建设

1998 年 11 月，马化腾与他的同学张志东“合资”注册了深圳腾讯计算机系统有限公司。之后又吸纳了三位股东：曾李青、许晨晔、陈一丹。创立之初五个伙伴即约定清楚：在团队内各展所长、各管一摊。马化腾是首席执行官(CEO)，张志东是首席技术官(CTO)，曾李青是首席运营官(COO)，许晨晔是首席信息官(CIO)，陈一丹是首席行政官(CAO)。之后，这个创业团队带领腾讯一路发展，直到腾讯做到如今的帝国局面，其中四个还在公司一线，只有 COO 曾李青以终身顾问的身份退休。在组建创业团队过程中，能够像马化腾团队这样，既包容又拉拢，选择性格不同、各有特长的人组成一个创业团队，并在成功开拓局面后能依旧保持着长期默契的合作，是很少见的。马化腾团队的成功之处，就在于其从一开始就很好地设计了创业团队的责、权、利：能力越大，责任越大，权力越大，收益也就越大。

3. 制度建设特质

完善制度是创业团队发展过程中不可回避的话题。制度是约束，也是铠甲。它能让团队按照规定实施工作，约束团队里每一个人的作为，确保团队在正轨上运行；它也能在关键时刻保护团队，通过不断完善自身建设机制，让团队在面对外部挑战时有更多的风险防控策略，提高团队发展的安全性。一个优秀的团队，必然有一个优秀的制度。何为优秀的制度？可以从以下几方面考量。

第一，制度能否促进团队成员做事的自动自发性？

优秀的制度通常是激励性的，而非惩罚性的。正向的激励多于反向的惩罚，团队成员更可能具有工作自觉性和积极性。优秀的制度下，每个团队成员的岗位工作规范、责权范围都有明确的规定，加上正向激励的鼓励性措施和确保绩效公平公正的考核办法，团队成员对于做好自身工作有目标、有动力，自动自发性自然提高。

第二，制度能否促进员工的独立思考？

在终身学习的社会，从学校进入职场并不是学习的结束，而是另一个阶段学习的开始。优秀的制度下，完善的制度能够促进团队成员的独立思考，团队成员不是被动完成工作任务，而是在工作中善于思考、爱动脑筋，能够不断完善自己的工作。例如，良好的制度能够尊重团队成员的思维方式和思考成果，让员工有不断创新的兴趣和动力。反之，如果一个团队是“一言堂”，任何决策都没有透明的公众决策机制，其他成员的意见就得不到倾听，那么独立思考的员工必定也会越来越少。

第三，制度能否促进成员间的相互协作性？

在一个创业团队内部，一定要减少“自顾自”的现象。如果每个团队成员都只考虑自己的利益，就会很难相互协作，团队的共同目标就很难达成。良好的制度应该包含良好的工作沟通和协商机制，特别是跨部门的合作办事机制一定要相对完善。值得注意的是，“少数服从多数”“同而不合”等均不是相互协作。一个良好的制度下的工作相互协助性，是团队高效沟通后的“合而不同”，即通过协商后，持有不同意见的人从团队整体出发，认同另一种意见，推进任务进度。

互动空间

创业团队的建设与发展有成功也有失败。找一找成功的创业团队的典型案例，尝试发掘一下，这些成功团队在领导人、团队成员、机制建设等方面都有哪些共同特征？

三、 大学生创新创业团队组建中的常见问题及解决对策

（一）常见问题分析

大学生与其他职场人士在组建创新创业团队的时候有很多共性，如前文所述的团队组建要素、流程等，但也有很多不同点。将已经成功创业的人士和准备创业的自己或周围的同学相比，不难发现大学生创业面临的困难很多。以下列举几个较为突出的问题。

1. 团队成员之间因为性格、理念不合导致目标和策略价值观有冲突

团队的发展不会总是一帆风顺的。团队成员应对创业发展的认知、遇事处理思维方式等的不同，难免产生决策异议。当始终无法达成一致时，团队的和谐与稳定将面临挑战。对于初入职场的同学来说，大多数创业经验都还不够丰富。也许每个人都对未来有一番计划，但在一个团队中，如果成员始终无法保持一致的前进目标，团队将面临解散的危险，创业的后续工作也将面临严峻的形势。

2. 随着企业规模的增长，团队成员的能力不足

成功的创业案例总是反映在企业规模的增长、企业效益的提高等方面。企业发展越好，面临的挑战越多，对创业团队成员的要求也越高。如果团队成员在这一过程中没有加快学习以跟进企业发展，那么毫无疑问将面临能力不足以满足企业新发展要求的问题。相比具有丰富工作经验的创业者，大学生更要注重对自身能力的建设，谨防能力跟不上企业发展，制约创业工作的推进。

3. 团队在创立初期无明确的利润分配方案

让企业盈利、为社会经济发展作贡献，是每个创业者的追求之一。如前文所述，在大学生创业过程中，团队成员关系大多较为亲密。如果因为团队成员关系近而不提出明确的利润分配方案，可能导致的结果就是成果分配不得人心、部分成员失去前进动力。所以，在团队创业初期就要制定详细的利润分配方案，让团队内每个人

的利润分配得以明确，避免模糊地带引起不必要的争议。

（二）大学生创新创业团队建设的建议与对策

1. 构建有效的团队沟通交流机制

沟通是一切行为的基础，在团队管理中非常重要。有效的沟通有助于使团队思想保持一致，上下产生共识，可以减少团队内的矛盾冲突，增强团队感情和团队成员彼此间的人际关系，从而有助于团队目标的实现。要建立明确的向上、向下、平行沟通制度如公示制度、员工岗位制度、例会制度等，让团队中的每个人都清楚自己在工作中应该向谁负责。另外，要建立常用的沟通形式和建议制度，设立公示栏、召开定期的例会，使用 QQ、微信等沟通交流工具，使管理人员和全体团队成员及时了解企业的情况和来自各方面的建议。

2. 建设学习型团队

学习型团队是指通过营造学习氛围充分发挥成员的创造性思维能力，依靠共享信息和其他资源而建立起来的一种目标一致、富有凝聚力、以人为本、善于学习并能够持续发展的群体。首先要打造基础管理平台，包括团队宗旨、章程、流程、制度等，这是建设学习型团队的前提，没有这些“硬件”，学习型团队建设就没法落实。其次要塑造良好的学习文化和氛围，构建培训和学习体系，构建知识共享与交换平台。要明确学习的理念内容价值观，要把学习和创新作为团队的核心理念进行塑造，借助共享平台提高团队运营和知识积累与共享的效率。最后要实行标杆管理，通过标杆设定引导团队成员学习组织内外的先进生产管理技术，从而提升整个团队的学习技能与创新能力。

3. 确定清晰合理的利润分配方案

关于如何分配利润的问题，应该以法律文本的形式确立一个清晰的利润分配方案。要根据团队成员对企业作出的不同贡献给予不同的报酬，并且要根据团队成员业绩的变化及时更改报酬制度，以实现相对的公平。另外，在企业发展壮大、利润增加后，要根据创业初始人员所担任的岗位和对企业发展的贡献，分配一定合理比例的股权分红，从而有利于团队骨干人员的团结，保证团队的稳定发展。

拓展阅读

怎样组建和发展优秀团队——来自谷歌的建议

谷歌首席人才官拉斯洛·博克的《更新定义团队》一书中，对团队的组建提出了如下建议：

聘用：只聘用比你优秀的人，不计时间、不计代价地找到他们。慢工出细活，寻找团队成员也是如此。这一点与苹果公司创始人史蒂夫·乔布斯的想法不谋而合："企业给予团队成员最大的福利之一，就是和全世界最牛的员工一起工作、生活。"

工作：赋予工作意义。谷歌的工作意义来自三方面。

·使命感：让整个组织从公司价值观出发考虑问题，而不是单纯从获利角度出发。形成所有员工都期待实现"集成全球范围内的信息，使人人皆可访问并从中获益"的企业价值观。

·透明：相信员工，向所有员工开放公司信息。

·发声的权利：限制经理人的权力，赋予员工足够的自由度。

管理：打造最幸福的团队。领导地位和头衔并不相关，由此，在谷歌最高级别的高管获得的福利、额外津贴和资源与新员工是一样的；增强员工的参与感，关注那些困难的低绩效员工，仔细分析那些绩效最高的员工，对于那些优秀的员工提供更高的薪酬福利，这样才可以确保团队的文化持续向上。

心态：用创始人的心态来共同创业。在过去的环境中，员工经常需要担心企业是否会"剥削"自己。在现在的企业团队中，每个人都可以站在创始人的角度去看待自己和事业。这样的方式可以有效地培养起每个人的负责精神，即便未来不在这个团队工作，仍然可以带着这样的精神去服务自己的团队。

与其培养人才，不如直接选择优秀的人才。

与其把工作当成负担，不如赋予工作新的意义。

与其建立团队的"金字塔"式官僚结构，不如建立扁平的平等格局。

与其总想着"雇佣"别人，不如招来想要一起创业的人才。

这就是新的团队创建思维方式，它不仅仅让创始人意识到打造超高绩效团队的可能，也让作为学生的我们清楚：哪些要素是组建创业团队过程中需要持续和重点关注的——即便未来不去创业，也可以从中学习到什么样的人才是未来企业最需要的。

项目训练营

请根据题目内容选择最符合自己情况的选项，测一测你在团队中最适合的定位是什么。

序号	题目	完全是	不确定	完全不是
1	我会打断别人的谈话诉说自己的情况	2	1	0
2	我对别人要求严格	2	1	0
3	我严守约会的时间	2	1	0
4	我抱着理想并努力地使它实现	2	1	0
5	我重视社会规则和伦理道德	2	1	0
6	我强烈地要求别人有责任感	2	1	0
7	我对小小的差错也很在意	2	1	0
8	我对弟弟妹妹或同辈群体所犯的错误会严格地教育	2	1	0
9	我要求获得权利之前会先尽义务	2	1	0
10	我通常明白应该怎样做、不可怎样做	2	1	0
11	我对别人有强烈的关怀	2	1	0
12	我重视义理与人情	2	1	0
13	我常常能发现别人的长处与优点	2	1	0
14	别人拜托我的时候我会很难说“不”	2	1	0
15	我喜欢小孩或者是喜欢照顾别人	2	1	0
16	我很容易通融和商量	2	1	0
17	我对弟弟妹妹或同辈群体所犯的错误总是很宽容	2	1	0
18	我能够倾听别人的谈话并且很容易产生共鸣	2	1	0
19	我喜欢做菜、清洁工作、洗衣服	2	1	0
20	我喜欢参加奉献性的社会公益活动	2	1	0
21	我会评估自己的损益并采取行动	2	1	0
22	我的谈话感性成分总是很少	2	1	0
23	我做决定的时候通常是经过分析和深思熟虑的	2	1	0
24	我喜欢询问正反两面的意见作为参考	2	1	0
25	我做任何事情都喜欢根据事实做判断	2	1	0
26	我的谈话理性成分多情绪成分少	2	1	0
27	我能很快地决断而不需烦恼	2	1	0

续表

序号	题目	完全是	不确定	完全不是
28	我处理或者收拾事情的时候快速而有效率	2	1	0
29	我对未来的事情能冷静地预测以后才去行动	2	1	0
30	我健康不佳的时候能优先爱惜自己的身体而不勉强去学习或工作	2	1	0
31	我认为自己是任性的	2	1	0
32	我的好奇心很强	2	1	0
33	我重视娱乐并且从中追求满足感	2	1	0
34	我想说的事情会没有顾虑地说出来	2	1	0
35	我无法得到自己想要的东西时会很难受	2	1	0
36	我经常使用“哇”“嘿”“不得了”等感叹词	2	1	0
37	我经常会以直觉判断事物	2	1	0
38	我兴奋的时候会忘形	2	1	0
39	我容易生气	2	1	0
40	我容易掉泪	2	1	0
41	我心里想的事情经常无法说出来	2	1	0
42	我希望别人喜欢自己	2	1	0
43	我客气又消极	2	1	0
44	我比较不坚持己见，经常妥协	2	1	0
45	我在乎别人的脸色和言谈	2	1	0
46	我难受的时候都强忍下来了	2	1	0
47	我照着别人的期望而努力了	2	1	0
48	我压抑自己的感情	2	1	0
49	我觉得自己不如别人	2	1	0
50	我觉得现在不像真正的自己、应该有的自己	2	1	0

PROJECT 5

项目五
创新创业机会与风险

PROJECT 5

认知目标

了解创新创业机会的概念、类型和来源，同时了解创新创业风险的概念、特点与分类情况。

素养目标

掌握创新创业机会与风险的识别方法；通过对创新创业机会的评估，能够理性把握创新创业机会。

运用目标

能够发现创新创业机会，学会识别并规避创新创业风险。

任务一　发现创新创业机会

任务导入

高中毕业后干起家电维修的小胡和小姜，每天都以修收录机、电视机为生，但前者是一个经营上的“不安分者”，后者则是一个循规蹈矩的“老实人”。不久前，小胡又突发奇想，寻找到新的商机：他发现当地的农民用上了自来水后，将来就有可能使用洗衣机，有洗衣机便会有维修洗衣机的业务。于是，他买回本地市场上常见品牌的洗衣机供周围的人使用，目的之一是让人们尝尝用洗衣机的甜头，目的之二是了解洗衣机的结构，学习洗衣机的保养和维修技术。果不其然，一年后，一台台洗衣机进入农村，维修业务几乎全被小胡包揽了，而小姜只能眼睁睁地看着自己失去一次扩大维修范围的机会。

【启示】为什么“老实人”小姜没有成功，而“不安分”的小胡能够成功？这说明了什么？在现实中，很多人总是等着机会从天而降，而不是通过努力来发现机会，进而创造机会。

优秀的创新创业者的一个基本素质，就是善于从他人的问题中发现机会，进而主动把握机会。想获得创新创业的成功，首先要学会发现创新创业机会，你准备好了么？

一、创意与创新创业机会

（一）创意

创意是具有一定商业价值的想法或者概念，是能够产生创造性社会成果的思维过程，其是否具有商业价值存在不确定性。创意的关键在于创造。创造既是一个过程，也是一种成果。创造可分为三种，即发现、发明、发展。具有价值潜力的创意有以下基本特征。

1. 新颖性

新颖性可以是新的技术和新的解决方案，可以是差异化的解决办法，也可以是更好的措施。新颖性还意味着一定程度上的领先性。不少创业者在选择创业机会时关注国家政策优先支持的领域，就是在寻找有领先性的项目。

2. **真实性**

有价值的创意不是空想，而是具有实用价值的。创意首先要可实现，简单的判断标准是能够开发出可以把握机会的产品或服务，而且市场上存在着对产品或服务的真实需求，或可以找到让潜在消费者接受的产品或服务。

3. **价值性**

价值特征是创意的根本。好的创意要能给消费者带来真正的价值，要经由市场检验。

（二）创新创业机会

机会是未明确的市场需求或未使用的资源或能力。机会总是存在的，当一类机会消失了，另一类机会又会产生。未充分利用的资源意味着机会。当一种需求得到满足，另一种需求又会产生，对机会的识别源于创意的产生。创新创业机会是具有商业价值的创意，来自一定的市场需求和变化。

创意、机会和创新创业，看似没有联系的三个词语，一旦发生逻辑联系、撞击出火花，就会爆发出无穷能量，散发出无穷魔力。创新创业因机会而存在，对机会的识别源自创意的产生，而创意是具有创业指向、同时具有创新性的想法。在创意没有产生之前，机会的存在与否意义并不大。创意往往来源于对市场机会、技术机会、政策机会的感觉和把握，具体来源于顾客、现有企业、企业分销渠道、政府机构以及企业研发活动等。

要将创意变为商机，不仅需要创业者自身的努力，也需要大环境的支持。第一，要为创业者提供宽松的表达环境。第二，支持创意者个人实施创意。第三，采纳并实施个人创意。第四，组织实施个人创意取得成功后，给予创意者必要的表扬和物质奖励。第五，经常号召并引导创意。第六，重用有创业头脑的员工。

创新创业机会就是一个可以在市场环境中行得通的创意。这个创意要提供的产品或服务不但能给某些人带来实际的好处和用处——他们肯买，而且他们付的价钱使你可以得到利润。没人要的东西肯定不是创新创业机会。有人要但不给钱或给的钱不能令你有利润，也不是创新创业机会。

发现创新创业机会不是一件容易的事情，对于创新创业者来说，发现创新创业机会的能力也是必备的素质之一。创新创业者在日常生活中需有意识地加强实践，培养和提高这种能力。

首先，要培养市场调研习惯。发现创新创业机会的关键点是深入市场进行调研，要了解市场供求状况、变化趋势，考察顾客需求是否得到满足，注意观察竞争对手的长处与不足等。其次，要多看、多听、多想。每个人的知识、经验、思维以及对市场的了解不可能做到面面俱到，多看、多听、多想能广泛获取信息，及时从别人的知识、经验、想法中汲取有益的东西，从而增加发现机会的可能性和概率。最后，要有独特的思维。机会往往是被少数人抓住的，要克服从众心理和传统的习惯思维模式，敢于相信自己，有独立见解，这样才能发现和抓住被别人忽视或遗忘的机会。

二、 创新创业机会的类型和来源

（一）创新创业机会的类型

变化是创新创业机会的重要来源，没有变化，就没有创新创业机会。一般情况下，创新创业机会的类型大体可以分为以下三种。

第一，问题型机会，指的是由现实中存在的未被解决的问题所产生的一类机会。

第二，趋势型机会，就是在变化中看到未来的发展方向，预测到将来的潜力和机会。

第三，组合型机会，就是将现有的两项以上的技术、产品、服务等因素组合起来以实现新的用途和价值，而获得的创业机会。

（二）创新创业机会的来源

1. 技术变革

第一，新技术替代旧技术(数码摄影、摄像、数字手机)。

第二，实现新功能、创造新产品的新技术出现(互联网)。

第三，新技术带来的新问题：新技术有利有弊，如何消除弊端并使之商业化？针对互联网不良信息的传播，有网络信息过滤软件等；针对手机、电脑辐射伤害，有防辐射衣服等相关产品。

2. 政策变化

第一，对某些行业进入限制条件放宽、监管放松的政策，如民用航空、资源开采、民办教育、保险、金融等。

第二，政策导向的变化，如价格双轨制、国有企业改制、节能减排、住房制度改革、资格证书制度(培训市场)。

3. 社会和人口因素的变化

第一，妇女解放：家政、洗衣、美容、健身。

第二，寿命延长：养老中心、老年人用品市场。

第三，饮食文化：素食产品产业、有机动植物培育产业、健康养生产品等。

第四，社会发展的新要求：高端产品、留学热潮、私人订制等。

4. 市场需求条件

第一，市场出现了与经济发展阶段相关的新需求，如农村经济发展带来了家电、农用机械的畅销，居民可支配收入增长使得少儿特长教育、留学服务机构、旅游成为热门消费。

第二，当期市场供给缺陷产生的新的商业机会，如供不应求的小市场机会。

第三，先进国家、地区产业转移带来的市场机会，如先进国家、地区环保、劳动力成本高，竞争压力大，把先进国家、地区的产业引入落后国家、地区。

第四，从中外差距中寻找隐含的商机，如人寿保险、汽车人均拥有(驾校、汽车美容)、税务代理、管理咨询、个人理财顾问。

三、 创新创业机会的识别

作为创新创业者，难能可贵的地方就在于他能发现其他人所看不到的机会，迅速采取行动来把握创新创业机会并实现创新创业机会的价值。在很长一段时间里，人们认为一般人群不可能看到创新创业机会，发现机会并成为创新创业者的个体具有别人所没有的特殊禀赋，识别创新创业机会难以模仿，更不可学习。但是，随着学术研究的深入，人们逐渐总结出了一些识别创新创业机会的规律和技巧。正如物理学教授不可能指望每个人都成为爱因斯坦一样，掌握有关识别创新创业机会的知识虽然不能保证发现创新创业机会，但确实能给人们的行动提供思路和指导。

（一）影响创新创业机会识别的因素

对于是什么因素导致一些人更善于识别出有价值的创新创业机会，不少学者进行过研究，下面是取得共识的四类主要因素。

1. **先前经验**

在特定产业中的先前经验有助于创新创业者识别出商业机会，这被称为走廊原理。它是指创新创业者一旦创建企业，他就开始了一段旅程，在这段旅程中，通向创新创业机会的“走廊”将变得清晰可见。这个原理提供的见解是，某个人一旦投身于某产业创业，这个人将比那些从产业外观察的人更容易看到产业内的新机会。

2. **认知因素**

机会识别可能是一项先天技能或一种认知过程。有些人认为，创新创业者有“第六感”，使他们能看到别人错过的机会。多数创新创业者以这种观点看待自己，认为自己比别人更“警觉”。警觉很大程度上是一种习得性的技能，拥有某个领域更多知识的人，倾向于比其他人对该领域内的机会更警觉。

3. **社会关系网络**

社会关系网络能带来承载创业机会的有价值信息，个人社会关系网络的深度和广度影响着机会识别。研究发现，社会关系网络是个体识别创新创业机会的主要来源，与强关系相比，弱关系更有助于个体识别创新创业机会。

4. **创造性**

创造性是产生新奇或有用创意的过程。从某种程度上讲，机会识别是一个创造过程，是不断反复的创造性思维过程。在听到更多趣闻轶事的基础上，你会很容易看到创造性包含在许多产品、服务和业务的形成过程中。对个人来说，创造过程可分为五个阶段，分别是准备、孵化、洞察、评价和阐述。

（二）创新创业机会识别的常见方法

1. **新眼光调查**

注重二级调查：阅读某人的发现和出版的作品、利用互联网搜索数据、浏览包含你所需要信息的报纸文章等都是二级调查的形式。

开展初级调查：通过与顾客、供应商、销售商交谈和采访他们，直接与这个世界互动。了解正在发生什么以及将要发生什么。

记录你的想法：瑞士最大的音像书籍公司的创始人说他就有一个这个用途的笔

记本，当记录到第 200 个想法时，他坐下来回顾所有的想法，然后开办了自己的公司。

2. 通过系统分析发现机会

实际上，绝大多数的机会都可以通过系统分析发现，人们可以从企业的宏观环境(政治、法律、技术、人口等)和微观环境(顾客、竞争对手、供应商等)的变化中发现机会。借助市场调研从环境变化中发现机会，是机会发现的一般规律。

3. 通过问题分析和顾客建议发现机会

问题分析从一开始就要找出个人或组织的需求以及所面临的问题，这些需求和问题可能很明确，也可能很含蓄。一个有效并有回报的解决方法对创业者来说是识别机会的基础，这个分析需要全面了解顾客的需求，以及可能用来满足这些需求的手段。从顾客那里征求想法，一个新的机会可能会由顾客识别出来，因为他们知道自己究竟需要什么，然后顾客就会为创业者提供机会。顾客建议多种多样，有时候，他们会提出一些诸如“如果那样的话不是会很棒吗”这样的非正式建议，留意这些建议有助于你发现创新创业机会。

4. 通过创造获得机会

这种方法在新技术行业中最为常见，它可能始于明确拟满足的市场需求，从而积极探索相应的新技术和新知识，也可能始于一项新技术发明，进而积极探索新技术的商业价值。通过创造获得机会比其他任何方法的难度都大，风险也更高。同时，如果能够成功，其回报也更大。

这种情况下所产生的创新在人类所具有重大影响的创新中，居于压倒性的主导地位。索尼公司开发随身听(Walkman)就是一个很好的例子。索尼公司觉察到人们希望随身携带一个听音乐的设备，并利用公司微缩技术的核心能力从事项目研究，最终开发出划时代的产品随身听，取得了巨大的成功。

四、 创新创业机会的评估

从创新创业成功最大概率的角度来看，创新创业机会应该优先注重产品战略和市场战略，一般应该聚焦于产品战略或市场战略中的一种。比如，如果是技术型创业，则优先聚焦于产品战略，保持快速成长性；如果是市场机会型创业，则优先聚焦于市场战略，否则市场机会稍纵即逝，很容易丧失机会。

针对如何评估创新创业机会，有人提出一套包括市场、效益、创业团队、个人、竞争优势、策略特色六大要素的评估准则，并说明各准则因素的内涵，目的是为创新创业评估提供决策参考。下面以市场和效益为例进行介绍。

扫描二维码
观看微课

（一）市场面的评估准则

1. 市场基础

一个好的创新创业机会，必然具有特定市场基础，专注于满足顾客需求，同时能为顾客带来增值的效果。因此评估创新创业机会的时候，可由市场定位是否明确、顾客需求分析是否清晰、顾客接触途径是否流畅、产品线是否可以持续衍生等，来判断创新创业机会可能创造的市场价值。能带给顾客的价值越高，创业成功的机会也会越大。

2. 市场结构

针对创新创业机会的市场结构进行以下分析，包括进入障碍、上游厂商、顾客、渠道商的谈判力量、替代性竞争产品的威胁以及市场内部竞争的激烈程度。由市场结构分析可以得知新创企业未来在市场中的地位，以及可能遭遇的竞争对手反击的程度。

3. 市场规模

市场规模大小与成长速度也是影响创新创业成败的重要因素。一般而言，市场规模大者进入障碍相对较小，市场竞争激烈程度也会略为下降。如果要进入的是一个十分成熟的市场，纵然市场规模很大，由于已经不再成长，利润空间会很小，因此这项创新创业就不值得投入。反之，一个正在成长中的市场，通常也会是一个充满商机的市场，所谓水涨船高，只要进入时机正确，必然会有获利的空间。

4. 市场渗透力

对于一个具有庞大市场潜力的创新创业机会，市场渗透力(市场机会实现的过程)评估将会是一项非常重要的影响因素。聪明的创业家知道选择最合适时机进入市场，也就是市场需求正要大幅增长之际，已经将产能备好，等着接单。

5. **市场占有率**

由创新创业机会预期可达成的市场占有率目标，可以显示这家新创公司未来的市场竞争力。一般而言，要成为市场的领导厂商，最少要拥有20%以上的市场占有率。如果市场占有率低于5%，这项创新创业机会的市场竞争力显然不强，自然也会影响未来企业上市的价值。尤其是具有赢家通吃特质的高科技产业，创新创业机会必须要拥有能够成为市场前几名的能力，才比较具有被投资的价值。

6. **产品的成本结构**

产品的成本结构也可以反映该项创新创业机会的前景是否亮丽。例如，由物料与人工成本的比重、变动成本与固定成本的比重以及经济规模产量大小，可以判断这项创新创业机会能够创造的附加价值的幅度以及未来可能的获利空间。

（二）效益面的评估准则

1. **合理的税后净利**

一般而言，具有吸引力的创新创业机会至少需要能够创造15%以上的税后净利。如果预期的税后净利是在5%以下，那么这就不是一个好的投资机会。

2. **达到损益平衡所需的时间**

合理的达到损益平衡时间应该是在两年以内，如果三年还达不到，恐怕就不是一个值得投入的创新创业机会。不过有的创新创业机会确实需要经过比较长时间的耕耘，并经由这些前期投入创造进入障碍，以此保证后期的持续获利。在这种情况下，可以将前期投入视为一种投资，较长的达到损益平衡时间就可以获得容忍。

3. **投资报酬率**

考虑到创新创业开发可能面临的各项风险，合理的投资报酬率应该在25%以上。一般而言，15%以下的投资报酬率说明这是一个不值得考虑的创新创业机会。

4. **资金需求**

资金需求量较低的创新创业机会一般会比较受投资者欢迎。事实上，许多个案显示，资本额过高并不利于创新创业成功，有时还会带来稀释投资报酬率的负面效果。通常，越是知识密集的创新创业机会，对于资金的需求量越低，投资报酬率反而会越高。因此在创新创业开始的时候，不要募集太多的资金，最好通过盈余积累的方式来创造资金。

5. **毛利率**

毛利率高的创新创业机会相对风险较低，也比较容易达成损益平衡。反之，毛利率低的创新创业机会相对风险则较高，遇到决策失误或市场产生较大变化的时候，企业就很容易遭受损失。一般而言，理想的毛利率是40%。当毛利率低于20%的时候，这个创新创业机会就不值得考虑了。

6. **策略性价值**

创新创业机会在市场上的策略性价值，也是一项重要的评价指标。一般而言，策略性价值与产业网络规模、利益机制、竞争程度密切相关，而创新创业机会对于产业价值链所能创造的附加值效果也与所采用的经营策略与经营模式密切相关。

7. **资本市场活力**

当创新创业者处于一个具有高度活力的资本市场时，他的获利回收机会相对也会比较大。由于资本市场的变化幅度极大，因此在市场高点时投入，资金成本较低，筹资相对容易。而在资本市场低点时，投资创新创业开发的诱因则较小，好的创新创业机会也相对较少。

不过，对投资者而言，市场低点的取得成本较低，有的时候投资报酬率反而会更高。一般而言，创新创业企业在活络的资本市场比较容易创造增值效果，因此资本市场活力也是一项可以被用来评价创新创业机会的外部环境指标。

8. **退出机制与策略**

所有投资的目的都在于回收，因此退出机制与策略就成为一项评估创新创业机会的重要指标。企业的价值一般要由具有客观鉴价能力的交易市场来决定，而这种交易机制的完善程度也会影响退出机制的弹性。由于退出的困难度普遍要高于进入，所以一个具有吸引力的创新创业机会应该为所有投资者考虑退出机制以及退出的策略规划。

互动空间

任务一

某校机械专业的小王毕业后盲目创业，学着别人批发蔬菜、水果、服装，几经波折，没有一件事干成功。正当小王垂头丧气时，社区恰好组织个体经营者进行自我创业资源分析。经过分析，小王发现自己最大的长处还是所学的专业。在这之后，小王开了一家汽车修理店，他感到一下子有了广阔的空间。

问题：小王的案例给你什么启示？

提示：创业并不是一件容易的事，除了付出艰辛和努力外，还需要对自己的优势和不足有一个正确的评价，只有这样才能走向成功。小王的专业是机械，修理汽车是他的专长。在认识到自己的长处后，小王及时调整方向，最终获得了成功。

任务二

许小姐一门心思想做老板，经过7年的努力，她积蓄了一笔资金，其中10万元做了注册资金。5万元作为流动资金。她认为个人创业必须有丰富的工作经验，所以在过去的工作中，她总是分内分外的事全都抢着干，从不计报酬。尤其是经营方面的事，她更是竖着耳朵听，目的就是为了多学点本事，为自己开公司做准备。另外，她认为个人创业必须有一个好的项目。她选择了一个当时的朝阳项目——房地产租赁咨询。

在办齐所有手续后，她勤勤恳恳、努力工作。但她怎么也没想到，最初的3个月几乎没有生意，直到第6个月才稍有收入，可生意很不稳定。半年来，她赔了3万元。她开始动摇了，觉得自己是在靠天吃饭、靠运气吃饭。认为做生意不应该是赌博，肯定是哪儿弄错了。她不想再这样干下去了，认为不能等到这15万元都赔光的时候才行动，要去弄明白问题到底出在哪里。第7个月她关掉了公司。

问题：许小姐为什么失败？她适合做老板吗？

提示：导致许小姐失败的原因很复杂，其中一个重要原因就在于没有一个完整的创业计划。小企业抗风险能力很低，不考虑成熟，一厢情愿，自然危机重重。要想创业成功，还要学会怎样避免“打水漂”。

任务三

19世纪末，美国加利福尼亚州发现了黄金，出现了淘金热。有一位17岁的少年来到加州，也想加入淘金人的队伍，可看到金子没那么好淘，淘金的人很野蛮，他很害怕。这时，他看到淘金人在炎热的天气下干活，口渴难熬，就挖了一条沟，将远处的河水引来，经过三次过滤变成清水，然后卖给淘金人喝。金子不一定能淘到，而且有一定危险，卖水却十分保险。他很快就赚到了6000美元，回到家乡办起了罐头厂。这位少年就是后来被称为美国食品大王的亚尔默。

问题：亚尔默是怎样把握创业机会的?

提示：成功者往往都是有独到见解的人，他们总是从不同的角度看问题，从而不断产生创意、发现新的需求。不仅要看到市场有什么需求，还要注意事物间的联系。

拓展阅读

从“先驱”变成了“先烈”

1993年9月，留美学者姜万勐、孙燕生将MPEG图像解压缩技术应用到音像产品上，制造出世界上第一台VCD，并斥资在安徽建立万燕电子系统有限公司，为中国人开启了家庭影视的时代。万燕的第一代产品在1993年9月面世，并通过了国家鉴定。万燕生产的第一批1000台VCD几乎全被国内外家电公司买去做了样机，成为解剖对象。1994年，万燕批量生产VCD，初期由于片源不配套，使VCD市场的发展停滞了很长的一段时间。

万燕所面临的难题是软硬件要一齐开发。万燕在前期研究开发的投入是1600万美元，广告投入是2000万元人民币。中国老百姓到了1994年年底才逐渐认识VCD，而在这一年，万燕生产了几万台VCD，结果只卖出了2万台。由于前期投入太多，导致早期产品成本高达每台360美元，再加上广告费用，在市场上每台VCD卖四五千元，基本无利可赚。

不仅如此，万燕还要开发碟片，为此万燕又向11家音像出版社购买版权，推出97种卡拉OK碟片。1995年，盗版CD和VCD大量在中国沿海城镇出现，中国消费者开始熟悉并接受VCD这一新生事物。

从1996年到1997年，中国的VCD市场规模每年以数倍的速度增长，从1995年的60万台猛增至1997年的1000万台，催生了爱多、步步高、新科等内地新名牌，并占据VCD大市场。1996年，最悲惨的事情发生了，这一年全国VCD销量600万台，而万燕已萎缩到无货可销。也就在这一年，万燕被同省的美菱集团重组，成为美菱万燕公司。

一个市场从无到有的开发，万燕研发和广告投入将近2000万美元，作为民营企业，无从融资，面对开发出来的市场，却只有拱手让给后来者。万燕VCD从“先驱”变成了“先烈”，市场份额从100%跌到2%。这同当时中国大多数民营企业的艰难创业经历一样——融资困难，没有知识产权保护意识。

1995 年前后，中国 VCD 进入群雄并起的时期。来自安徽的万燕让中国人认识了 VCD，但摘桃子的却是深谙市场秘诀的广东人。VCD 整机组装对技术要求不高，其机械运动部件不多，只需将几块集成电路板用螺丝拧上，知道哪根线插在哪儿，看上 10 分钟就能学会。因此内行人称：“一把螺丝刀就是一个组装厂。”组装技术简单，不需要多少投资，没有生产许可证的限制，广东又是散件水货的聚集地，几个因素凑到一起，VCD 组装厂如雨后春笋般蓬勃发展于珠江三角洲。同时，VCD 元器件的配套系统也在广东应运而生，专门有人提供线路板和机壳。不出方圆 25 千米，生产整机所需的元器件均可配齐。群雄并起则鱼龙混杂，技术学一天就能会的事情投几万元就能干，于是在广东出现“昨天杀猪，今天生产 VCD”的现象。“床板工厂”遍布珠江三角洲，一个人一天可以组装一二十台，一家老少一天就能装出几十台。市场火爆时，每台机器赚 100 元，一天就赚几千元钱；市场疲软时，一台只赚 10 元。

在这个时期，成功的典型是爱多。1995 年 4 月，在万燕耗巨资推出第一代 VCD 产品后一年并因此筋疲力尽之时，胡志标筹集 80 万元的资金，在中山市东升镇成立爱多公司。6 个月后，爱多利用进口散件迅速生产出整机，省却大量研究开发和前期市场推广费用。爱多最初起家时，也就几十个人，月产量一两千台。在鱼龙混杂中，爱多能够脱颖而出的取决于营销战略。1995 年 11 月，爱多广告跳进中央电视台。随后，爱多又以 420 万元的价格请影视巨星成龙拍广告，后期制作又投入近百万元。1997 年，爱多又以 2.1 亿元巨资夺取中央电视台广告标王。爱多卖出了 VCD，销售的丰厚回报又滚滚回到爱多腰包。

（资料来源：卢强：《解剖万燕悖论，不轻易进入未成熟行业》，http://finance.sina.com.cn，2005 年 10 月 11 日）

扫描二维码
看更多案例

扫描二维码
看更多案例

任务二　评估创新创业风险

任务导入

王某创办工厂不久，就有人来推广他们技术团队研发的一种高科技产品“新一代软饮料无菌包装盒”。王某的工厂是以做新型包装材料为主业的加工厂，他考虑到自己的工厂研发实力不足，在市场上也没有优势，如果能跟外部的科研团队合作，把工厂不擅长的业务转移到合作者身上，自己主攻制造和生产，应该能达到“双赢”的效果。王某预计，合作的第一年应该能实现收支平衡，第三年有可能开始赢利。一拍脑袋，王某跟对方签下了五年的投资合同。然而，实施的效果远远没有王某预计的那样可观，新品上市的第一年，就有竞争者推广了科技含量更高的同类产品，而且价格也相差不多，消费者自然将目光投向竞争对手那里。五年之后工厂也不见得有盈利，王某这下亏大了。

【启示】王某的预计为什么和现实不一样？“亏大了”是由于忽视了哪些创新创业风险？

在创新创业的过程中，创新创业风险所引发的失败也有着各种各样的形式。“创新创业举步维艰”，确实如此，所以著名投资人本·霍洛维茨曾经用婴儿的状态来形容新创企业的状态：“我睡得像个婴儿，每两个小时醒来一次，然后大哭起来。”大哭的不仅仅是面对问题的创业者，也可能是运转不够良好的企业。既然风险一定会有，最好的办法就是应对你的创新创业风险。

一、创新创业风险概述

据统计，发达国家中小型高新技术企业创业的失败率高达 70%，而我国央视财经频道公布的 2011 年大学生创业成功率仅 1.84%。美国的纳斯达克市场成立至今，已经有千余家企业被摘牌。也就是说，在美国创业板上市的 20%～30%的创业公司的巨大成功，是以 70%～80%的企业的失败为代价的。可见创业失败率之高、风险之大。新创企业的规模往往较小，资金实力薄弱，各项工作均处于起步阶段，因而此时的抗风险能力最差。如果不能对创业时期的各种风险实施有效的识别和管理，将会使创业者举步维艰，甚至有可能使新生的企业遭受灭顶之灾。

（一）创新创业风险的概念

创新创业“除了风险外，没有什么是确定的”。一般意义上的风险，指的是导致各种损失事件发生的可能性。而创新创业风险是指创新创业过程中，由于创业环境的不确定性，创业机会与创业企业的复杂性，创业者、创业团队与创业投资者的能力与实力的有限性，导致创业活动偏离预期目标的可能及后果。

（二）创新创业风险的特点

1. **客观存在性**

创新创业风险是客观存在的，这就要求我们正视并积极对待它。如产品都有其生命周期，在每个阶段都会客观存在着风险，如果产品的结构、质量、更新换代速度等方面与市场需求脱节，缺乏竞争力，就会被市场淘汰，企业也可能被迫停止运营。

2. **不确定性**

创新创业风险会随着环境的变化而产生，并随着环境的变化而消失。如国家政策的变化、遭受意外事件(战争爆发、台风袭击)、人为破坏等，虽能找到风险发生的具体原因，但发生的时间是难以预测的，这种难以预知性便造成了风险的不确定性。

3. **损益双重性**

在一定范围内，风险会随着创业环境的变化而产生，但也会随着时间的推移而减弱和消失，甚至演变为机会。2000 年 1 月，中美史克公司由于感冒咳嗽药处方中含有苯丙醇胺(PPA)成分而遭遇“PPA 禁令”，公司的主导产品康泰克停止销售，中美史克为此蒙受的直接经济损失高达 6 亿多元人民币。但经过及时的信息沟通、媒体关系管理和新产品的开发，在发生 PPA 事件 289 天后，新康泰克以“国家药监局验证通过新康泰克新配方，不含 PPA”和“新康泰克还是早一粒，晚一粒，远离感冒困扰”的广告语重返感冒药市场，并迅速获得了大额订单。中美史克公司有效控制并处理了重大危机，反而占领了更多的市场份额。这说明，对待风险不应该消极地预防，更不应该惧怕，而是要将风险当作是一种经营机会，敢于承担风险，在与风险的斗争中寻找机会。

4. **相关性**

同一风险事件对不同的创业者会产生不同的风险。同一创业者由于其决策或采取的策略不同，会面临不同的风险结果。20 世纪 80 年代，全球范围的兼并、收购热潮让众多的大公司、跨国公司实现了多元化经营。但在随后几年里，这些扩张性公司中有很多并没有达到预期效果，有的甚至发现自己已经进入了一个完全陌生的行业，既做不好新行业的经营，又耗费资源和时间，最终以失败而告终。但也有公司成功了，企业规模得到了较大的扩张，多元化经营使得企业在市场竞争中游刃有余，有效地提升了企业的效益。决策是创业者根据状态自主选择的结果，决策是否正确直接影响创业者面临的风险及其程度。

5. **可变性**

创新创业风险的可变性是指当创业的内部与外部条件发生变化时，必然会引起风险的变化。

6. **可测性**

创新创业风险可通过定性或定量的方法进行评估。例如，根据许多企业使用人才的经验分析，新招聘入职的人员会面临“三个三”流失高峰的风险，即新入职人员在三周内、三个月内、三年期内的流失率最高。企业除了在这三个时期要针对流失人员的具体情况采取相应的措施外，还要根据企业经营状况做好适当的人员储备，以保证企业的正常运营不会因人员的变动而发生变化。对风险的测量过程就是对风险的分析过程，它对风险的控制与防范、决策与管理具有举足轻重的作用。

（三）创新创业风险的分类

1. **按创新创业风险产生的原因划分**

按风险产生的原因进行划分，可分为主观创业风险和客观创业风险。

(1)主观创业风险

主观创业风险是指在创业阶段，由于创业者的身体与心理素质等主观方面的因素导致创业失败的可能性。

(2)客观创业风险

客观创业风险是指在创业阶段，由于客观方面的因素导致创业失败的可能性，如市场的变动、政策的变化、竞争对手的出现、创业资金缺乏等。

2. 按创新创业风险产生的内容划分

按风险产生的内容进行划分，可分为市场风险、决策风险、管理风险、技术风险、财务风险和人员风险。

(1)市场风险

市场风险是指由于创业企业从事经营活动所面临的亏损的可能性和赢利的不确定性而存在的创业风险。在激烈的市场竞争中，市场环境瞬息万变，企业从事经营活动面临亏损的可能性和赢利的不确定性使得企业无法按既定的策略完成经营目标，而给企业带来风险。实践证明，市场风险是导致新产品、新技术商业化、产业化过程中断甚至失败的核心风险之一。

(2)决策风险

所谓决策风险，是指在决策活动中由于主客体等多种不确定因素的存在，而导致其不能达到预期效果的可能性及其后果。

任何一种决策，都是在一定环境下，按照组织一定的决策程序，由个人或决策团队作出的。决策是一个客观过程，这个过程还涉及大量的个人情感及价值判断等主观因素。因此，导致决策风险的因素有客观方面因素，也有主观方面因素。信息不充分、不可预知的事件发生、决策机制不健全等都是客观因素，决策者的能力不足以及受情绪、成见影响导致判断失误等都是主观因素。随着决策机制的不断发展与完善，客观因素在决策风险中所占的比重将越来越小，而主观因素的影响将越来越重要。从决策发生的层次、决策的内容来看，决策包括战略决策、管理授权决策、业务发展决策等不同的层次。对于新创企业而言，决策风险主要来自战略决策及业务发展决策。

(3)管理风险

管理经验、管理理念、管理经历、管理水平和能力等因素，导致其新创企业在运营过程中存在管理风险。管理风险也是新创企业生存、发展的主要风险之一。新创企业在生产运营过程中的管理风险主要表现在四个方面：一是由于急于收回投资，只关心产品价值，追求短期的企业效益，忽视包括管理、制度、工艺流程、售后服务等企业内部管理的完善与创新，增加了新创企业管理理念和意识的风险；二是市场竞争激烈，产品更新换代快，新创企业要适应市场需求，在资源匮乏的情况下，失误的决策将带给企业无法挽回的损失；三是因为对管理理念的认同不同、管理制度的缺失、管理方法的粗放而可能导致核心成员的流失所带来的风险等；四是由于新创企业法律意识淡薄，防范法律风险的能力较弱，当企业外部的法律环境发生变化或由于包括企业自身原因未按照法律规定或合同约定行使权利、履行义务时，就存在给企业造成负面法律后果的可能性。

(4)技术风险

技术风险是指企业所依靠的技术存在不可靠性、不稳定性或企业创新过程中遇到技术、市场等因素的变化而导致企业失败的风险。新创企业能创造优于竞争对手、具有独特功能或特有技术的产品，以便满足顾客需求。但同时，任何一项新技术、新产品都必须接受市场的检验，其风险需要从技术特点的无形性、专有性、地域性、时间性、可复制性等方面来考虑。

(5)财务风险

狭义的财务风险是指因借款而增加的风险。它是筹资决策带来的风险，又称筹资风险。广义的财务风险是指企业在经营活动中由于各种因素的影响使企业的财务成果与预期的经营目标发生偏差，从而使企业遭受经济损失的可能性。企业从初创到成长、成熟，财务活动贯穿于每一个环节，资金的筹措、长短期的投资、流动资金的管理、应收账款的控制、利润的分配等都可能产生风险。因财务风险而破产倒闭的新创企业有很多。

新创企业不能忽视财务风险的存在。首先，新创企业发展到一定阶段后，随着经营规模的不断扩大，急需资金的追加投入，筹资利率波动、再融资产生的不确定性、财务杠杆效应及由于币值变动引起市场购买力变化等都将给企业带来筹资风险。其次，新创企业的生产经营过程中，从上游的原材料供应到产品的销售，整个供应链各个环节的不确定因素导致企业资金运转迟滞，也会影响企业价值的实现，从而带来财务风险。对于不同的财务风险，企业可以采取不同的防范策略。

(6)人员风险

经营之神松下幸之助在创立世界奇迹的时候，认为自己的经营诀窍就是善于用人、育人。的确，拥有确保企业运营和发展的人力资源是创业者赖以成功的基石。“中原之行哪里去”的广告词不禁让我们联想起曾红极一时的郑州亚细亚集团，它曾经在全国商场中掀起了一场亚细亚冲击波，可是其内部控制的极端薄弱却把自己引向倒闭的境地。特别是在人事管理方面的随意用人、任人唯亲、排斥异己等，都是极为严重的管理失误。

互动空间

“巨人”风波

曾创造“一年百万富翁，二年千万富翁，三年亿万富翁”这一神话、被称为“当代中国比尔·盖茨”的史玉柱，靠4000元起家，勇敢地背水一战，创立了巨人品牌，创造了巨人奇迹。1994年，他在电脑行业成功创业后，立即实施多元化发展战略，涉足保健品、房地产、药品、化妆品、服装等多个新的产业，甚至开发中央空调。在保健品方面，“脑黄金”的成功使史玉柱激动起来，竟一举向市场推出12种新的保健品，一年内在生物工程上投入的广告费猛增到1亿元。网络铺开后，由于成本控制得不好，产品大量积压。同时，财务管理混乱，扣除债权还剩余5000万元左右的债务。

在房地产方面，史玉柱从流动资金和卖楼花收入中共筹集2亿元的资金，拟建“巨人大厦”，未向银行贷一分钱。而且在未做任何可行性分析论证的情况下，贸然将大厦由最初设计的18层追加到54层，最后竟然追加到70层，为当时中国第一高楼。

此后，连续出现巨人公司内部员工贪污挪用巨额资金、软件开发人员将技术私自卖给其他公司、子公司私自贷款、下属私自侵占公司财产等一系列事件，使巨人的市场占有率一落千丈。1997年年初，“巨人大厦”到期未完工，酿成全国有名的“巨人”风波。

问题：酿成“巨人”风波的是哪种财务风险？如何防范财务风险？

二、 创新创业风险的识别方法

创新创业风险的识别是依据创业活动的迹象，在各类风险事件发生之前运用各种方法对风险进行辨认和鉴别，是系统地、连续地发现风险和不确定性的过程。风险识别的主要内容是识别引起风险的主要因素、识别风险性质、识别风险概率、识别风险后果。风险概率是指某一风险发生的可能性，风险后果是指某一风险事件发生对项目目标产生的影响。选择正确的、恰当的风险识别方法是保证风险识别准确性的重要因素之一。目前常用的风险识别方法以定性识别方法为主，常见的方法主要有以下几种。

（一）调查法

创业企业可以通过定期调查来辨识相关因素的变化，以及时发现风险。具体可以通过现场调查法、问卷调查法、专家咨询法了解市场的变化、需求的变化、竞争对手的变化，以及时发现各方面出现的不确定性给创业带来风险的可能性、损失的幅度等。调查的对象范围也较为广泛，如创业企业管理者、研发人员、风险投资家、生产一线人员、营销人员、外部专家和消费者等。

现场调查法，即创业企业深入现场了解信息，如深入市场了解消费者需求是否将发生变动，了解竞争对手信息，看竞争对手是否有新的行动等。

问卷调查法，即企业向各有关方面发放问卷，要求填写问卷中的问题，然后将问卷回收，进行统计处理，以发现新的信息。

专家咨询法，即聘请有关专家，既借用专家的经验、知识和能力，又发挥专家的特长，对风险的可能性及其后果做出估计。

（二）环境分析法

企业环境的构成极其复杂，自然、经济、政治、社会、技术等环境构成宏观环境，而微观环境主要包括投资者、消费者、供应商、政府部门和竞争者等。企业通过对环境的分析，明确机会与威胁，发现企业的优势和劣势，找出这些环境可能引发的风险和损失。运用环境分析法时，重点是分析环境的不确定性及变动趋势。同时，要分析环境中的变动因素及其相互作用产生的对企业的各种制约和影响。此外，应从整体角度分析外部环境与内部环境的相互作用及其影响程度。

（三）情景分析法

情景分析是一个战略角度的分析技巧，它使创业者能够评估不同的偶然事件对自身利润流量的潜在影响。它使用多维的预测方法，帮助创业企业对其长期的关键性薄弱层面做出评价。情景分析是为了衡量一些更复杂和具有内在相关性的事件对创业的更广泛影响。不利事件的发生经常会给创业造成巨额损失甚至导致失败，情景分析可以很好地提前辨别这种潜在的问题。情景分析通常为创业者所使用，它被认为是一种非常主观的风险识别工具。情景分析又是一项困难的工作，因为它要分析的是一系列事件对企业整体状况的影响。它涉及每一名创业者，区别于传统的数字统计范畴，必须具有市场经验和逻辑判断能力。

（四）图示法

在创业企业的风险识别中还可以广泛使用更加明了、形象的流程图法、因果分析图法、事故树法等图示法。

1. 流程图法

流程图法是将风险主体按照生产经营的过程、活动内在的逻辑联系绘成流程图，针对流程中的关键环节和薄弱环节调查风险、识别风险的方法。将创业企业的发展阶段和经营过程中的各环节按其逻辑关系以流程图显示出来，并以此判断各要素之间的联系和风险因果的传导机制，进而识别风险。

2. 因果分析图法

因果分析图法是一种分析风险事故与影响风险事故原因之间的关系的比较有效的方法。因果分析图是将导致风险事故的原因归纳为类别和子原因，画成形似鱼刺的图，又称鱼刺图或鱼骨图。通过鱼骨图将导致风险事故的各种可能因素列出来，一方面可以有效地分析风险成因，另一方面也可以反过来通过原因推断结果，进行潜在风险的识别。

3. 事故树法

事故树法是从某一事故出发，运用逻辑推理的方法寻找引发事故的原因，即从结果推导出引发事故的原因。利用图解的形式，调查损失发生前的种种失误事件情况，以将大的风险分解成小的风险，具体判断哪些失误最可能导致损失发生。

（五）SWOT 分析法

SWOT 分析法是通过分析企业优势、劣势、机会和威胁，进而预测创业风险的一种方法。威胁和劣势会给企业带来风险，企业要发扬自己的优势，寻找将创业风险转化成机会的契机。

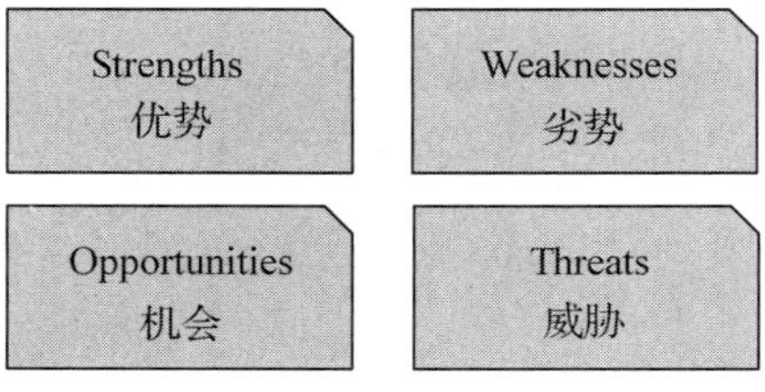

SWOT 分析法

互动空间

在法国，你无论是在富丽堂皇的宾馆，还是在便利超市，一定会看见一个小小的瓶子：细长的脖子，翠绿色的身体，晶莹剔透，独特的装饰相当引人注目。这便是法国享有盛名的矿泉水——巴黎水(Perrier)。矿泉水是法国生产的主要饮料，产量在世界排名第一，而巴黎水更是其中的佼佼者，素有“水中香槟”之美誉，年产10亿瓶，60%销往国外，主要销往美国、日本和西欧等国家和地区，这绿色小瓶更成为法国矿泉水的象征。

即使是取得如此辉煌成绩的巴黎水公司，也曾遭遇过严重的风险危机，甚至差点倒闭。20世纪90年代，美国食品药品监督管理局在每年例行的检查中发现，巴黎水的部分产品中苯含量超过正常含量的2～3倍，长期饮用会致癌。

巴黎水对于自己的品控要求是极严的，在食品安全问题上必须更加重视。巴黎水在美国先是得到了运动员的喜爱，继而让大众接受了该产品。巴黎水在美国第一年的销量是300万瓶，第二年就达到了2100万瓶。英国矿泉水市场有85%被巴黎水占领。巴黎水又根据不同国家和地区的人们的不同口味生产了“果味矿泉水”，深受消费者的喜爱，在1988年销售额就已经超过了5.5亿美元。这样大的一个市场，任何一个企业都不会甘心放弃。

面对如此强大的不可控危机事件，公司采取了令人吃惊的应对措施：事件发生的第二天就宣布收回这之前销往世界的全部巴黎水，并当众销毁，虽然美国查出的问题矿泉水只有10瓶。甚至很多公众都开始讨论，巴黎水如此大动干戈是否值得。

然而公司总裁这样认为：“公司要让消费者感受超一流的服务、绝对纯净的巴黎水，绝不允许顾客对产品的质量和形象抱有丝毫的怀疑。即便会造成重大的损失，这也是我们必须要做的。”

这种诚信行为的确是鼓足消费者信心的强心针，受到了法国政府赞许，而且博得了全美国甚至全世界的关注和赞誉。之后，巴黎水重新上市。为了巩固市场、恢复消费者对巴黎水的信心，巴黎水采取了出人意料的复出方式——在巴黎所有的报纸杂志拿出了一整个版面刊登了巴黎水的新广告图片，画面上还是巴黎水的标志性的绿色玻璃瓶，只不过在原来的商标上面用鲜明的字样标注了“新产品”。

与此同时，发往世界各地的巴黎水也重新进入消费者视野，消失了一段时间的巴黎水还引起了抢购风。同时，巴黎水还对视频广告进行了创新。新的广告是一个白色的背景，一滴水顺着绿色的小玻璃瓶的瓶口流下，犹如眼泪一般，好似一个受了很大委屈的女孩在呜咽。一个父亲般的声音响起："我们依然喜欢你。"一个女孩的声音答道："我是因为高兴才哭的啊！"广告画面清新又富有人情味，很容易引起消费者的共鸣。

从SWOT分析的角度可以看出，面对食品安全问题时，巴黎水结合了自身渠道和雄厚的财力优势，并且抓住了时机，第二天就做出了积极的快速反应，赢得了市场，重建了消费者的信心，成为应对公关危机事件的优秀典范。

值得注意的是，任何一种方法都不可能揭示创业者面临的全部风险，更不可能揭示导致风险事故的所有因素。每种方法也各有优劣。

三、 创新创业风险的管理策略

新创企业是风险集中的组织，在创业过程中，创业者和新创企业主要面临着创业项目选择风险、人力资源风险、市场风险、财务风险和技术风险等，下面将对这些主要创业风险的管理策略逐一进行解读。

（一）创业项目选择风险的管理策略

项目选择是创业活动的开端，选择一个好的创业项目是防范创业风险的关键所在，也就是说，风险回避是创业风险管理的第一策略。尽管在创业项目的选择上，多数创业者都经过了一段相对较长时间的考虑，或者按照相应的标准进行了认真筛选，但由于各种主客观因素的影响，不少创业者选错了创业项目，使创业一开始就出现了方向性的错误。在我们分析很多创业失败的案例时就会发现，由于项目选择不当，失败的命运在创业之初就已经注定，让人扼腕叹息。该如何规避创业项目选择风险？以下策略值得关注。

1. 掌握创业规律，强化商业认知

要选择好的创业项目，从源头上防范和规避创业风险，关键是要提高创业者发现、分析、选择创业项目的能力。很多人创业失败，是因为其对商业的本质缺乏认知，不懂创业规律，也不具有创业的相关知识和技能。这样的创业者实际上是缺乏历练的创业者，是没有创业基础的创业者，是盲目的创业者。在选择创业项目时，

这样的创业者往往只有一腔热情，没有理性的思考能力，也没有成熟的商业眼光，无法选择好的创业项目是必然的，选择到了好的创业项目反而是偶然的。因此，要规避创业项目选择风险，首先要提高创业者自身的素质，做一个合格的创业者。

2. 充分调查研究，深刻理解创业项目

当创业者初步选定某一创业项目后，要对该项目进行全面细致的调查研究。每一个行业都有不同于其他行业的内在规律，创业者必须成为“内行人”，成功的概率才能变大，这也就是人们所说的“不熟不做”。当然，要做到充分的调查研究和深刻审视所选的创业项目并不容易，因为这不仅要创业者花费大量的精力、付出艰苦的劳动，还要创业者抛掉类似“某某项目很有前景”的先入为主的看法，冷静客观地做出判断。例如，著名企业家、软银集团总裁孙正义当初从美国毕业后回到日本，选择了 40 个可能的创业目标，花了一整年的时间逐个进行考察，写出了几尺厚的资料，经过反复论证，最后选择了做软件，成为他商业传奇的起点。

3. 知己知彼，实现与商机的相互匹配

商业机会是一种客观的存在，好的创业项目是创业者和商业机会良性互动的起点，而成功则是两者相互匹配的必然结果。创业者是一个充满个性的群体，创业者之间在性格、能力、经验、财富、社会资源等方面有着巨大的差异。而商业机会也各不相同，有的机会大，有的机会小，有的机会长久，有的机会短暂，有的机会需要的投入大，有的机会需要的投入小，有的机会回报快，有的机会回报慢，等等。但有一点很清楚，即创业者只有做到“知己知彼”，选择自身可以掌控和驾驭的商业机会，创业才能有迈向成功的基础。因此，创业者选项目，其实选择的是自己，是让创业者自己的优势和资源与商机的特点和要求相互匹配，并形成良性互动，共同成长。

4. 遵守基本原则，谨慎进行项目选择

学者们根据众多的创业实践，总结了不少有关创业项目选择风险防范的基本原则和基本经验，值得创业者借鉴。

第一，遵循优势利用原则，不盲目追求热门生意。要选择创业者自己熟悉并拥有资源优势的项目，充分利用当地的资源优势和创业者自身的优势来创业，做到“人无我有，人有我优”，不盲目追求社会经济热点，以避免决策失误。

第二，遵循市场导向原则，不盲目追求技术的先进性。要以满足市场需求为导向来评估某项新技术是否真正具有市场前景，也即不仅要考虑技术的先进性，更要考虑技术的市场性，把重点放到需求可观、发展前景广阔的创业项目上。

第三，遵循趋利避害原则，不违背政策潮流。创业者要有宽广的视野，对国家政策和社会经济的发展趋势一定要有掌握，才能顺势而为、趋利避害。所选择的创业项目要符合技术创新、区域经济发展、产业结构升级、制度变革、社会发展的大趋势，要符合国家和地区的产业政策，坚决回避政府产业投资明确限制的项目。

第四，遵循找准切入口原则，不贪大求全。创业和一般的项目投资不一样，面临很强的资源约束。在创业初期绝不能贪大求全、四处出击。总想一口吃成个大胖子，到头来反而要吃大亏。要聚焦，要集中资源，要找准一个市场切入口，平顺地切入市场。虽然这样看起来好像发展比较慢，但实际是稳扎稳打，可以完全掌控和驾驭，不用为亏本担惊受怕，还能积累商业经验。等到在市场站稳脚跟后，创业者再根据实际情况逐步拓展自己的创业版图。

第五，遵循量力而行原则，不大量借贷投资。创业者往往资金并不多，需要白手起家。由于创业者经济相对比较拮据，又希望手中有限的资本能够增值，只能赢，不能亏，因此开始创业时要根据自身的情况量力而行，不能借贷太多。因为大量借贷风险大，心理压力很大，极不利于创业者经营能力的正常发挥。如果创业项目所需的投资远远超出创业者自有资本，不能找到合适的合伙人来分担投资，也不能获得天使投资的话，创业者应当等待或放弃。

（二）人力资源风险的管理策略

创业人力资源风险是指在创业初期和成长期，由人力资源原因而导致的经营风险，主要包括创业团队风险和关键员工流失风险。创业团队风险主要是指团队成员的素质、团队的组织协作能力、团队的稳定性、团队的环境适应能力等方面的风险。关键员工流失风险是指那些具有特殊才能、负责核心业务、控制关键资源的员工离开创业企业而导致的风险。

1. 创业团队风险的管理策略

第一，谨慎选择创业团队成员。

第二，形成团队的共同价值观和愿景。

第三，明确团队成员的权利和责任。

第四，制定并遵守团队规范和团队纪律。

第五，建立创业团队的动态调整机制。

2. **关键员工流失风险的管理策略**

第一，识别关键岗位和关键员工。

第二，利用关键员工流失风险表识别风险。

关键员工流失风险表

风险类别	风险分析内容	拟采取措施	备注
待遇	是否对自己的待遇满意？		
成就感	是否有工作成就感？		
公平感	是否感到公司对自己与别人是公平的？		
人际关系	在公司是否具有良好的人际关系？		
自我发展	是否在工作中提高了自己的能力？		
地位	是否认为自己在公司的地位和对公司的贡献成正比？		
信心	是否对公司的发展和个人在公司的发展充满信心？		
沟通	与公司领导和同事之间沟通是否顺畅？		
关心	是否能够得到公司领导和同事的关心？		
认同	是否认同公司的发展思路、发展战略、管理制度、管理方式？		
其他	是否会因为结婚、生育、出国留学、继续深造等原因离职？		

第三，采取措施激励和留住关键员工。

第四，用契约约束关键员工流失可能带来的损失。

（三）市场风险的管理策略

市场风险是指由市场情况的不确定性导致的创业失败或创业企业收益不确定的风险。从广义上说，市场风险也涵盖创业项目选择风险，但我们这里是从狭义的角度来看的，主要包括市场营销风险和市场竞争风险，是指由于创业企业制定、实施的营销策略与市场营销环境的发展变化不协调，从而导致目标市场难以开发，产品难以顺利销售，盈利目标无法实现，在竞争中无法取胜的风险。创业企业防范市场风险的主要策略有：第一，充分的市场调研和严谨的市场分析。第二，市场细分和选择适合的目标市场。第三，制定可行的市场营销方案和营销策略。第四，建立市场监控和营销策略调整机制。第五，加强营销合作，分担市场风险。

（四）财务风险的管理策略

财务风险是指由于企业财务结构不合理、融资不当，使企业丧失偿债能力而导致收益下降或破产的风险。对创业企业而言，除了创业项目本身的投资风险外，其财务风险主要表现为融资风险和现金流风险。下面我们分别就这两种风险的管理策略进行论述。

1. 融资风险的管理策略

第一，要高度重视融资工作，但绝不可忽视经营工作。

第二，确定合理的融资规模，防止过大或过小融资。

第三，把握合理的融资时机，防止过晚或过早融资。

第四，既要融资也要融智，选择最佳的融资对象。

第五，因时因地制宜，选择最有利的融资方式及其组合。

第六，创业投融资市场不完善，要谨防融资陷阱。

2. 现金流风险的管理策略

第一，确立现金流在企业财务管理中的核心地位。

第二，利用现金流量表分析现金流短缺的原因。

第三，强化经营活动的现金流管理。

第四，合理规划投资，防止盲目投资占用过多资金。

第五，科学规划融资，确保合理的财务结构。

（五）技术风险的管理策略

技术风险是指由技术的不确定性以及技术与经济互动过程的不确定性所带来的风险。技术成功的不确定性、技术前景的不确定性、技术寿命的不确定性、技术保护的不确定性等都可能带来巨大的风险，需要加以防范。我们主要通过以下四种策略来管理技术风险。

1. 强化论证以减少技术开发的盲目性

要根据企业技术能力的强弱和综合实力的高低来开发新技术。总体而言，由于创业企业的资金实力较弱，研发能力不强，在技术研发上要以应用型开发和模仿性创新为主。同时，要以满足市场需求为导向，紧紧围绕消费者的需求来选择合适的技术，并将新技术转化为消费者喜欢的新产品，减少技术开发和技术选择的盲目性。这就要高度重视技术创新的前期市场调研，从目标顾客认为重要性程度较高的产品特性入手进行研发，使研发瞄准、响应和满足顾客的需求。

2. 建立技术发展趋势的监测系统

企业要建立技术发展趋势的监测系统，加强情报信息的收集，实时追踪国内外相关技术的发展状况和发展前沿，并判断其未来的发展趋势。要客观评估本企业在技术创新体系中的坐标，分析本企业面临的机会和威胁，并明确下一步的创新方向和可能采取的创新策略。要监测竞争对手的研发投入、研发方向、研发进展及其产业化进展，并关注市场对不同技术产品的种种反应。

3. 高度重视本企业的专利技术保护

创业企业要树立专利、技术、生产工艺等知识产权的保护意识，适时向政府部门申请专利保护，防止技术外流和技术侵权，最大限度地将技术创新的优势转化为市场竞争优势，以保障企业自身利益。

4. 建立技术创新联盟

增强企业自身研发能力的建设可降低技术风险，而建立或加入技术创新联盟则可以降低研发投入、分散技术投资风险、形成协同创新效应等，是新创企业以开放的心态进行联合技术创新的有效途径。

四、 大学生创新创业风险的防范

（一）创业前期的风险防范

1. 谨慎选择项目，避免盲目跟风

选择既有市场需求又适合自己的创业项目，这是大学生创业者必须好好掂量的。一般来说，大学生创业者要客观地分析自身的创业条件，更要冷静地分析创业环境，立足于技术项目，尽量选择技术含量高、自主知识产权明确的项目，并在技术创新的基础上做好产品市场化工作。在选择过程中切忌盲目跟风，切记一定要选择自己最熟悉、最擅长、最有经验、资源最丰富的行业来做。

2. 合理组建团队，避开熟人搭伙

在风险投资商看来，再出色的创业计划也具有可复制性，而团队的整体实力是难以复制的，因此他们在投资时往往更看重有合作能力的创业团队，而非那些异想天开的单干者。团队对于创业是否成功至关重要，志同道合的搭档会是你事业成功的无价之宝。因此，组建创业团队时要考虑专业互补、能力互补、性格互补，要使组建的团队有战斗力。

3. 注重实践磨炼，回避准备不足和经验不足

缺乏从职业角度整合资源、实施管理的能力，将大大影响大学生创业的成功率。要成功创业，最好经历过实践的磨炼，先利用业余时间创立一些投资少、见效快、风险低的实体，培养自立自强的创业能力、适应社会的能力，通过实践增加创业体验、熟悉社会环境、学会社会交往。同时，创业的决策要做得科学，要深思熟虑，该想到的困难要想到，做到心中有数，回避准备不足，以克服决策的随意性。

（二）创业中期的风险防范

1. 强化内部管理，培养骨干队伍

一个企业要想持久地保持活力，除了要有不断涌现的创新意识、敏锐的市场观察能力，严格的管理制度也是必不可少的。在出现问题时，都应该严格按照制度处理。创业中期是管理风险集中爆发的阶段，风险解决方案的核心是骨干人才队伍的建设和培养。

2. 积极参与竞争，杜绝急功近利

没有春天的播种，就没有秋天丰收的喜悦。对于创业来说也是一样，需要一个由小到大、由不成熟到成熟、由弱到强的过程。创业过程中，创业者要积极参与竞争，逆境中要坚韧，顺境中要冷静。作为一个大学生创业者，必须做好与风险和困难做斗争的思想准备。创业不是一件小事情，应该克服急躁情绪，端正心态，采取“稳扎稳打、步步为营、积小胜为大胜”的策略。任何浮躁和急功近利的举动，都对创业者有害无益，甚至会导致前功尽弃。

3. 加强内涵建设

创业中期，企业要适应市场变化，采用“内抓管理，外塑形象”的战略思想。要注重强化内涵建设，挖掘内部潜力，充分调动员工的主动性、积极性和创造性，用企业文化凝聚人心。同时，企业需要实施正确的品牌经营战略，需要品牌来支撑企业的成长。企业品牌经营以客户为中心，通过以不断创新的方式产品和服务满足客户的需求，尤其是开发客户潜在的需求，并以独到的产品和服务满足这种需求，这样企业发展才有后劲。

（三）创业后期的风险防范

1. 建立激励机制，凝聚创新人才

人才是企业发展的关键，人力资本是企业的核心资本。创业过程中，创业者与员工都承担着巨大的风险，需要风雨同舟、共渡难关。创业成功后，创业者关注的是未来的更大回报，而员工更关注现在的既得利益。随着企业的扩大，新员工不断加入，他们更多的是做出职业选择。创业者需要考虑建立有效的激励机制，来吸引维系企业所需要的更多优秀员工。有效的激励机制既能保障老员工或合伙人的既得利益，又能真正凝聚创新人才，使企业得以稳步发展。

2. 尝试权力授予，完善组织架构

创业过程中，创业者主要是通过集权来实施管理。创业初步成功后，创业者应该尝试授权：一是管理问题变得又多又复杂，创业者不堪重负；二是员工渴望分享权力，希望得到更多的空间与舞台来发挥自己。通过把一些日常性的、非核心的工作授权给中层管理人员，创业者就可以把自己从繁重的事务性工作中解脱出来，把更多的精力集中在战略性问题的思考上。同时，创业成功后，企业为了更好地发展，必须建立一整套完善的组织架构来有效地执行决策，有计划地完成企业的既定目标。企业的组织架构需要根据企业的目标和发展阶段来进行调整，创业者应该尝试围绕工作本身来完善组织，力图通过企业组织来实现自己的管理决策和管理理念。

3. 逐步合理扩张，健全制约机制

创业取得初步成功后，随着企业规模的扩大和实力的增强，个人追求财富的欲望膨胀，再加上市场环境日渐规范和竞争日趋激烈，创业者执着的个性开始显示出脱离实际的倾向。企业行为也围绕着个人的喜好而波动，从而盲目扩张，造成企业自身能力不能与市场需求相协调。这样是极其危险的，稍不注意就可能血本无归。因此，要有计划、有步骤地合理扩张，建立相应的反馈机制与调控机制，健全各项规章制度，对权力进行必要的制衡，这样才能使创业企业稳步成长壮大。

互动空间

任务一

宋克英与开发出计算机远程控制全色护栏灯的朋友合作注册了一家公司，拟进行产品的推广。刚刚做出样机，就有客户找上门来。该客户看到计算机模拟演示效果后，便和宋克英签订了一个很大的工程订单。由于工期较紧，宋克英便直接开始大批量生产，投入工程安装。但是最后由于产品的抗干扰性能不过关，导致客户退货，造成了巨大的经济损失。

问题：宋克英遭到客户退货的原因是什么？他经营失败给我们什么启示？

提示：宋克英经营失败的一个很重要的原因是没有进行充分的产品可靠性试验，尤其是缺乏模拟现场工况的试验。

宋克英的例子给我们的启示：凡是创业项目中选择新发明、应用新技术或投资于高科技新产品的时候，产品的可靠性、技术的成熟度是必须进行重点考核的可行性指标。在产品投入市场之前，必须进行产品质量的相关测试，做出产品质量检测报告。如有条件，应提供产品给部分客户使用，做出客户使用报告，使客户的使用情况全面、客观地反映出来，让企业能够正确地做出是否可以进入市场的决定，有效地规避贸然进入市场的经济风险和信用风险。

任务二

刘明准备在一家医院设立大屏幕药品广告播放系统，合作医院已经找到，药品生产厂家也十分愿意投放产品广告。一切条件均已经具备，正当刘明准备大干一场的时候，其行动却遭遇了相关执法部门的制止，原因是其直接设立大屏幕药品广告播放系统的相关行为不符合药品管理法的相关规定。这最终使刘明的创业计划泡汤了。

问题：刘明的创业计划泡汤说明什么？

提示：不管从事哪个行业，创业者必须先了解相关的政策、法律、法规，这是项目可行性分析首先要研究的问题，如果遭禁，只有另行选择。

任务三

信息时代已经到来，网络创业成为一种新的趋势。网络创业是进门容易入行难，产品质量、物流安全等问题都会影响创业进程，从而带来许多风险。那么，如何巧妙规避风险，做到成功创业呢？

提示：要规避风险，需做好以下几点。

第一，拥有合适的货源。批发市场是最常见的进货渠道，也是网店店主最主要的进货渠道。例如，经营服装的网店就可以去周围一些大型的服装批发市场进货。在批发市场进货需要具备强大的议价能力，力争将批发价压到最低，同时要与批发商建立好关系，关于调换货的问题要与批发商事先协商好，以免日后起纠纷。

直接获得厂家货源也是网络创业者的一条进货渠道。正规的厂家货源充足、态度较好，如果长期合作的话，一般都能争取到滞销换款。但是一般而言，厂家的起批量较高，不适合小批发客户。如果资金储备充足，有稳定的销售渠道，不存在压货的风险，就可以考虑这条进货渠道。

创业者还可以寻找信誉度高的大批发商。想要经营什么商品，在百度等网站输入关键字，搜索批发这些商品的公司，就会出现许多相关的信息，然后挑选其中信誉度高的大型批发公司。这些大型批发公司都和厂家建立了长久而稳定的合作关系，直接由厂家供货，货源较稳定。不足之处是因为他们已经做大了，订单较多，服务难免有时跟不上。而且他们一般都有固定的回头客，不怕没有客户。新进货的店主很难和他们谈条件，除非进货次数多了，成为他们的大客户，才可能有特别的折扣或优惠。最糟糕的是，他们的发货速度和换货态度往往不尽如人意，店主最好是提前预订货物，避免货物无法及时上架的困扰。面对商品尤其是饰品中难免存在的一些瑕疵，艰难的退货程序着实令人不悦，这就需要店主和批发公司事前做好充分的沟通与协商。

第二，要敢做生意。当然，网上开店不是那么简单，也同样考验店主的胆量。创业者如果以为将商品放到网上就没事了，那肯定赚不到钱。你如何让买主知道你的网上小店？最好的办法就是做广告。有一位店主长达几个月连续在首页上做商品广告、做店铺广告，每天上百元的广告费也成了不小的投资。创业者如果做广告，一定要选择漂亮的广告语，这样才能引人注目。

第三，学会开价很关键。小琳想在网上卖两部电脑，她开出的价已经比线下的价格便宜了一两千元，而且还赠送其他物品，可是半个月挂下来，根本没有买家出价。后来她仔细找了一下原因，发现出价还是太高，另外没有配上产品的照片和引人注目的标题，从而失去了机会。

所以，店主学会开价是很关键的。网上商品其实是通过拍卖的形式成交的，即卖家开出一个价，然后各路买家再加价，直到成交。因此，卖家开出的价并不是自己心里要出售的价，而是要便宜，然后再靠人气将价格抬上去。所以，对商品的描述和定位一定要吸引人，这样才能增加点击率、聚拢人气，也能为小店拉来长期顾客。对广大创业者来说，网上开店不失为一种好的创业方法。如果掌握了其中的诀窍，就很容易赚到钱。

相关链接

大学生常见的十大创新创业风险

风险一：项目选择

大学生创业者如果缺乏前期市场调研和论证，只是凭自己的兴趣和想象来决定投资方向，甚至仅凭一时心血来潮做决定，一定会碰得头破血流。大学生创业者在创业初期一定要做好市场调研，在了解市场的基础上创业。一般来说，大学生创业者资金实力较弱，选择启动资金不多、人手配备要求不高的项目，从小本经营做起比较适宜。

风险二：缺乏创业技能

很多大学生创业者眼高手低，当创业计划转变为实际操作时才发现自己根本不具备解决问题的能力，这样的创业无异于纸上谈兵。一方面，应去企业打工或实习，积累相关的管理和营销经验；另一方面，应积极参加创业培训，积累创业知识，接受专业指导，提高创业成功率。

风险三：资金风险

资金风险在创业初期会一直伴随在创业者的左右。是否有足够的资金创办企业是创业者遇到的第一个问题。企业创办起来后，就必须考虑是否有足够的资金支持企业的日常运作。对于初创企业来说，连续几个月入不敷出，或者因为其他原因导致现金流中断，都会给企业带来极大的威胁。相当多的企业在创办初期因资金紧缺而严重影响业务的拓展，甚至错失商机，不得不关门大吉。

另外，如果没有广阔的融资渠道，创业计划只能是一纸空文。除了银行贷款、自筹资金、民间借贷等传统方式外，还可以充分利用风险投资、创业基金等融资渠道。

风险四：社会资源贫乏

企业创建、市场开拓、产品推介等工作都需要调动社会资源，大学生创业者在这方面会感到非常吃力。平时应多参加各种社会实践活动，扩大自己人际交往的范围。创业前可以先到相关行业领域工作一段时间，通过这个平台为自己日后的创业积累人脉。

风险五：管理风险

一些大学生创业者虽然技术出类拔萃，但理财、营销、沟通、管理方面的能力普遍不足。要想创业成功，大学生创业者必须技术、经营两手抓，可从合伙创业、家庭创业或虚拟店铺开始锻炼创业能力，也可以聘用职业经理人负责企业的日常运作。

创业失败者基本上都是管理方面出了问题，其中包括决策随意、信息不通、理念不清、患得患失、用人不当、忽视创新、急功近利、盲目跟风、意志薄弱等。特别是大学生创业者，他们知识单一、经验不足，资金实力和心理素质也明显不足，更会增加在管理上的风险。

风险六：竞争风险

寻找蓝海是创业的开端，但并非所有的新创企业都能找到蓝海，更何况蓝海也只是暂时的，所以竞争是必然的。如何面对竞争是每个企业都要随时考虑的事，而新创企业更是如此。如果创业者选择的行业是一个竞争非常激烈的领域，那么在创业之初极有可能受到同行的强烈排挤。一些大企业为了把小企业吞并或挤垮，常会采用低价销售的手段。对于大企业来说，由于规模效益或实力雄厚，短期的降价并不会对它造成致命的伤害，而初创企业则可能面临着彻底毁灭的危险。因此，考虑好如何应对来自同行的残酷竞争，是创业企业生存的必要准备。

风险七：团队分歧

现代企业越来越重视团队的力量。创业企业在诞生和成长过程中最主要的力量来源一般都是创业团队，一个优秀的创业团队能使创业企业迅速地发展起来。但与此同时，风险也蕴含在其中，团队的力量越大，产生的风险也就越大。一旦创业团队的核心成员在某些问题上产生分歧、不能达到统一，极有可能会对企业造成强烈的冲击。

事实上，做好团队的协作并非易事，特别是与股权、利益相关联时，很多初创时很好的伙伴都会闹得不欢而散。

风险八：缺乏核心竞争力

对于具有长远发展目标的创业者来说，他们的目标是不断地发展壮大企业。因此，企业是否具有自己的核心竞争力就是最主要的风险，一个依赖别人的产品或市场来打天下的企业是永远不会成长为优秀企业的。核心竞争力在创业之初可能不是最重要的问题，但若要谋求长远的发展，就是最不可忽视的问题。没有核心竞争力的企业终究会被淘汰出局。

风险九：人力资源流失

一些研发、生产或经营性企业需要面向市场，大量的高素质专业人才或业务队伍是这类企业成长的重要基础。防止专业人才及业务骨干流失，应当是创业者时刻需要注意的问题。在那些依靠某种技术或专利创业的企业中，拥有或掌握这一关键技术的业务骨干的流失是创业的最主要风险源。

风险十：意识上的风险

意识上的风险是创业团队最内在的风险。这种风险无形，却有强大的毁灭力。风险性较大的意识有：投机的心态、侥幸的心理、试试看的心态、过分依赖他人、回本的心理等。

拓展阅读

美国年轻人常见的创业构想

一、互联网商业构思

➢ 占星术　如果你懂得如何提供一些个性化的服务，如占星术或生物节律，你就可以在线为许多人提供该项服务。网上甚至还有许多对塔罗特纸牌兴趣颇浓的人。

➢ 收藏品　创建一个收藏品(如运动会奖牌、硬币、邮票等)的集市，供人们进行交易。对通过你的网站进行的各种交易收取佣金。

➢ 服装　从卖新款服装到代销旧衣服，在网上都很受欢迎。譬如，T恤衫商贩就通过网络向大学生卖出了许多T恤衫，这些大学生通常都拥有自己的校内免费网上账户。

➢ 珠宝　做珠宝买卖可以利用网上提供的精美图样。珠宝设计师可在网上发布珠宝样式的图片，并直接销售给在线顾客。即使你自己不是珠宝设计师，你同样可以成立一家网上珠宝店，通过推销你朋友的设计获得提成。

➢ 特制食品　在线出售特制食品的优点在于：你可以为不同的顾客设计不同的食品，并将他们想要购买的食品送上门。在你的个人主页上定期发布新菜谱来招揽回头客。

➢ 视觉艺术　艺术家和摄影家可以在个人主页上展示自己的作品，不必等到在画廊展出后再出售。即使你不是一个艺术家，你也可以拥有一家视觉艺术网站。

➢ 爱好者　如唱片可以翻录和在线销售一样，杂志同样可以这样做。你可以通过销售订购和广告服务的方式，利用“数字杂志”赚钱。

二、“离线”商业构思

➢ 提供照看小孩的服务　你是一个可靠并富有责任心的人吗？你喜欢孩子吗？那就开展照看孩子的服务吧。

➢ 烘焙　你喜欢烘焙食物吗？你可以出售一些新出炉的面包、曲奇、油酥点心。做这门生意，“口碑”是最好的广告。

➢ 自行车/汽车/电器维修　你愿意维修机器吗？组装一些你熟悉的自行车、汽车、电器或其他的机器。

➢ 餐饮　你擅长炒菜吗？开一家餐饮店，为晚会或其他场合提供餐饮或快餐服务。

➢ 分发宣传单　你附近的商店需要分发宣传单的人吗？这些宣传单可以在街上分发，也可贴在汽车的风挡玻璃上，或者在公共场所分发。你可以定期为这些商店提供分发宣传单的服务。

➢ 娱乐　你是喜欢在观众面前表现自己的人吗？你会魔术吗？你有过扮演某个角色的经历吗？你也许喜欢成为一名魔术师或小丑，为生日聚会或其他场合增添娱乐气氛。如果你有音乐天赋，就可以和乐队一起为婚礼或晚会演奏。

➢ 园艺、除草　你喜欢户外工作吗？从街口望去，你可能会经常看到许多没能得到主人维护的草坪或花园，去为这些人提供园艺和除草服务吧。你还可以在冬天为别人铲雪(如果你住在一个四季分明的地方)。

➢ 种植　你有一个阳光充足的房间吗？你可以种一些花草或其他一些植物来出

售。这是一种很好的第二职业，因为植物不需要人每时每刻照看。

➢ 手工艺品　你喜欢做珠宝、皮制品或其他手工艺品吗？你有善于做手工艺品但不喜欢参与销售过程的朋友吗？你可以出售自己的手工艺品，或出售朋友的手工艺品来赚取佣金。

➢ 假日销售　在假日你有空闲时间吗？试着销售一些季节性商品，例如圣诞节装饰物或情人节糖果。这些商品的可销售期很短，但销售量很大。如果你愿意适时投入的话，你可以在短期内获得丰厚的利润。

➢ 房屋/办公室清洁　你喜欢看到物品保持清洁美观吗？房屋和办公室都需要定期清洁，但许多人和企业没有时间做这项工作。

➢ 洗衣服务　你接触过优质洗衣和干衣设备吗？洗衣服和遛狗、房屋清洁一样，是许多人没有时间做的琐事。

➢ 信息传递服务　你喜欢四处跑步吗？尝试一下信息传递服务，这种服务成本低。一旦你建立了诚实可靠的声誉，业务量是可以迅速扩大的。

➢ 音乐课　你是否擅长某一乐器并有足够的能力教授别人？即使对一种乐器只有中等程度的掌握，你也可以教一些年轻的初学者们。

➢ 看护植物　办公室有时会每周雇人来为植物浇水、清洁、施肥。越来越多的人在外工作，他们有对植物看护服务的需要。

➢ 翻译　你会两种语言吗？你可以给那些想吸引外国顾客的当地店主们翻译一些广告、宣传单及其他印刷资料。

➢ T恤衫　你喜欢艺术吗？自己设计、印制个性化的T恤衫。

➢ 辅导　你是否擅长一门学科并有足够的能力教别的学生？你是否知道如何跳舞、演戏、唱歌、绘画并有足够的能力教孩子们学会？上课(辅导)需要耐心，同时你也可以从教学中得到满足和回报。

➢ 打字服务　你打字又快又准吗？如果你打得好，或能熟练使用文字处理器，你就可以提供多种多样的服务：为其他学生打字，组织印刷邮件目录，制作一些小册子、简讯、宣传单等。

（案例来源：[美]史蒂夫·马里奥特：《青年创业指南——创建和经营自己的企业》，户才和译，北京：经济日报出版社，2004）

项目训练营

训练一

创业时机无须等

当你决定成为自己的老板时，没有法则可循，因为所有企业家的经历都是不同的。

例如，家得宝(Home Depot)创始人伯尼·马库斯(Bernie Marcus)和阿瑟·布兰克(Arthur Blank)是因为感到不公平而创业。他们曾管理过一家名为Handy Dan的DIY连锁企业，但被他们的老板桑德福德·施格罗夫(Sandford Sigoloff)草率解雇，因为他嫉恨两人在零售上的成功。当时两人都已40多岁，都没有多少积蓄，却突然之间失业了。

他们决定，不再为其他任何人打工。复仇的愿望让他们创造了一种可以击垮老东家的业务模式。于是，Handy Dan消失了。如今，家得宝的收入高达700亿美元。

在刚过20岁的那几年里，在全职工作的同时，我还在各种各样的小企业做过兼职，然后才开始创业。我供职的那家证券经纪公司下发了一份备忘录，上面写道：员工必须辞去在其他地方担任的管理职务。我知道，此时是“不成功则成仁”的时候了。

当我离开时，我感到巨大的放松。我永远不明白为什么没有更多的人这样做。正如企业家丹尼尔·谷拉提(Daniel Gulati)所言，“真正阻碍我们大多数人的不是外部阻力，而是我们自己的内心：我们在做决定时左思右想，担心最后会失败，把短期有形的回报置于长期成功之上。”

利用周末、假期和晚上的时间，通过兼职来尝试一些想法，可能是极好的创业演练。另外，在数字时代，在保持全职有薪工作的同时尝试一些创业模式要容易得多。但投资者、员工、供应商和客户都需要你的全身心投入，只有当你准备好失去一切时，才会积聚起对创业至关重要的精力和毅力。使你下决心自己创业的关键时刻何时到来？很难预测。或许是在你积累了足够多的储蓄，可以在没有收入的情况下维持一段时间生活时；或许是在你的新产品获得一位真正的客户时；或许是你的雇主否决了你认为可能会大获成功的想法，你因此离职去实现它；或许是合适的合作伙伴承诺也要迈出这大胆的一步；又或许是你对日常工作感到厌倦，对自己的私人事业兴奋难耐，除非尝试一下，否则你无法再心安理得地生活下去。

一些幸运的管理者有机会收购送到他们面前的企业，我总是鼓励任何一个处于这种情况的人尽全力抓住这一机会。它们通常是大公司旗下不受青睐的子公司，收购价格相对较低，投入精力和激情就可以让它们获得改善。通常管理层将在收购过程中获得慷慨股权，当你获得了所有权并脱离公司等级制度而获得自由，就能让一家企业释放出惊人的业绩。实际上，这类收购交易是现代私人股本行业的起源。

正如多数重要决定一样，谁也不应该等待启动创业生涯的完美时刻的到来，这只不过是一个拖延时间的借口。尽可能多做准备，跟着直觉走，当你走出这一步时，就不要回头。

尽管我有过很多错误和失败，但我从来不后悔离开稳定工作这一虚假的安全保障。但愿几十年后，人们不会还每天干着同样的工作，从年老而无足轻重的人那里接受命令，成为办公室政治和令人窒息的官僚作风的半无助的受害者。人们最好能够去品尝独立奋斗的危险和回报，通过自己的努力自由地输赢。

我认为，现在的毕业生和二十几岁的年轻人比我那时要勇敢得多，创业文化从未像现在这样生机勃勃。我相信，未来几年，在这一代选择掌握自己命运的冒险者的领导下，数百家新的优秀企业将展现在人们面前。一些人可能正开始创建一家企业，因为他们几乎没有选择，其他选择都希望渺茫。但这一步很有可能被证明是幸运的。

（案例来源：卢克·约翰逊：《创业时机无需等》，www.ftchinese.com/story/001047565? archive，2019-07-25，有删减）

任务：与老师和同学分享你阅读后的感受。

训练二

按学生兴趣成立若干小组(5人为宜)，运用头脑风暴法提出创意创业项目，每人至少提出3个创意。特别注意寻找能改变人们生活和工作方式的思路，寻找绿色、环保、健康、可持续发展的思路，寻找在高新技术不断创新的条件下令经济发展方式发生变革的思路，寻找在产业结构调整中处于发展期的产业的某些项目等。创业思路要大气，心有多大，“业”就有多大。根据我们学到的筛选评价指标进行分析评价，经过比较分析，确定1～3个创业项目，选出小组代表在全班互动交流。要求制作PPT进行汇报，不超过15分钟。

PROJECT 6

项目六 创新创业计划与资源

PROJECT 6

认知目标

了解创新创业计划的基本内容、作用及基本结构。

了解创新创业资源的内涵与种类。

了解影响创新创业资源获取的主要因素。

素养目标

了解创新创业计划中的信息收集。

掌握创新创业计划的基本结构和撰写要求。

运用目标

掌握市场调查的内容与方法。

学会撰写创新创业计划书。

掌握获取创新创业资源的途径与技能。

掌握创新创业资源的整合方法。

任务一　创新创业计划

任务导入

90后潘卫国，2011年毕业于江苏科技大学计算机科学与技术专业，2014年凭借自己创办的“小西网络”坐拥千万资产，成了普通人眼中的成功者。他是如何成功的？成功的策略又是什么呢？

确定创业主意

说到创业的经历，潘卫国有着他的自信：“我从不相信偶然的成功，必须有计划地去谋事。”潘卫国的创业主意是在刚进入大学时就确定好的。2007年刚入学时，很多同学都沉浸在了高中毕业后的解脱中，而潘卫国却为自己确定了创业的打算，他2000元的第一桶金正来自于大学中一份兼职工作——一个学校的管委会网站的网页设计及维护。

细思创业策略

因为是白手起家，潘卫国并没有足够的“资本”去进行创业。所以在毕业前，潘卫国为自己制订了创业计划：先就业，积累“资本”，以做到厚积薄发。潘卫国所说的“资本”，并非只有创业资金，还包括了经验、人力资源等。为了积累这些创业“资本”，潘卫国在毕业前就招募了很多待选的“小伙伴”，并在每周六给他们授课。

毕业后，为了积累创业资金，潘卫国入职了一家南京的科技公司。入职没多久，潘卫国就被派往了北京，为了不耽误“小伙伴”们的培养，他每周末都会给他们开视频会议分配工作，并每月与他们碰面商讨项目运作。

辞职创业，遭遇滑铁卢

2012年手机游戏市场的火爆，让潘卫国感到创业的机遇到了，他决定立即辞职创业。7月，在一间50多平方米的房子里，潘卫国的9人创业小组不停地工作着。到了2013年6月，小组就只剩下了潘卫国一个人还在坚持着。

为了解决温饱，潘卫国只能暂时承接外包工作，他创办公司后第一份收入不是来自自身业务，而是来自一份外包工作。在做外包工作的同时，潘卫国还在做着自己的“游戏开发”。

把握时机，求细做精

2013 年，潘卫国开始放弃已经完成的 2D 游戏，转而向 3D 游戏领域进军。2014 年，“小西网络”成立，6 月他的首款 3D 游戏问世，8 月上线并产生流水数百万元。

在潘卫国的 3D 游戏成功的同时，他还获得了数百万元的投资，从而真正成了坐拥千万资产的大学生创业佼佼者。

【启示】在潘卫国的创业过程中，有着细致的创新创业策略，制订了创新创业计划，还具备坚韧的创新创业精神、发展的创新创业思路。潘卫国创业的成功是因为他创业之前的所有准备工作的总结和整合，如果没有这些，可能他的创业会因为僵化的思维而失败也不一定。

（案例来源：搜狐网，http：//www. sohu. com/a/230142809 463876，2018-05-02）

“凡事预则立，不预则废。”大学生创业不能仅凭一股激情，通过撰写创新创业计划可以理清思路、规划未来。现在的市场环境变化万千，任何一个人或团队在创业之前，都必须对创业的目标有一个科学的设计和规划，制定一份切实可行的创新创业计划，这对创业者来说无疑是十分有效的。

一、 创新创业计划概述

创新创业计划，也叫商业计划，是创业者在实施创新创业之前，全方位描述与创建新企业有关的条件和要素的书面文件。一份好的创新创业计划会使创业者达到事半功倍的效果。

扫描二维码
观看微课

创新创业计划是执行所有创新创业活动的第一步，它既为创业者的行动提供指导和规划，也为创业者与外界沟通提供基本依据。创新创业计划需要阐明新企业在未来要达成的目标，以及如何达成这些目标。但是创新创业计划不是一成不变的，它需要随着计划的执行情况而进行调整。

（一）创新创业计划的作用

在创新创业准备阶段，规划设计好一份创新创业计划的重要作用主要表现在以下三个方面。

1. 帮助创业者理清创业思路

在准备创新创业时，创业者必须清楚市场机会究竟在哪儿、选择什么样的创业项目成功概率更高、如何让人们更倾向于购买自己的产品而非对手的产品、如何拥有足够的客户资源、资金的分配问题如何解决、公司的管理方案怎样、创业团队的人员组成及其职责分配如何、适合自己的营销赢利模式是什么、融资渠道是否可行等，这些都需要创业者写在创新创业计划中。创新创业计划越详细就越可行，它是创业者在创业路上遇到困难时最可靠的支撑，也是巩固创业者创业信心的坚实保证。

创业公司往往在生存的压力下，没有时间理清思路和探寻公司未来发展计划，这是非常不幸和可怕的。一个需要生存下来的小公司，比大公司更需要创新创业计划，因为创新创业计划可以帮助创业者客观分析和识别创业机会，理性地确立自己的创业目标，理清创业思路。

2. **提高创业团队的凝聚力**

一份清晰的创新创业计划，对企业的使命和愿景做出详细的描绘。共同愿景表明了团队的理由，能够为团队运行过程中的决策提供参照物，同时能成为判断团队进步的可行标准，而且为团队成员提供一个合作和共担责任的焦点。员工的奉献精神与企业的共同愿景息息相关。创新创业计划是展现创业者思想的载体，好的创新创业计划既是创业团队凝聚力和向心力的体现，也是创业团队潜力的体现。

3. **寻求外部资源支持**

创新创业计划除了能够使创业团队更加了解自己要做的事情，更大的意义是要向他人进行展示，尤其是那些能给创业者提供资金帮助的人。因此创新创业计划的又一个重要作用就是帮助创业者把新企业推销给风险投资者，说服其对创业者的创业活动进行投资。

企业的发展离不开资金的支持，初创企业对资金的渴求更甚。创业者通过创新创业计划，就企业的发展潜力、所面临的机会与潜在投资者、供应商、经销商及政府机构等利益相关者进行沟通，成为其投资决策的重要参考。这是一种更容易获取创业融资的有效渠道，并且一旦获得支持，往往能够同时成功游说风险投资者按照创新创业计划制定的合理方式撤出资本，使投融资两方获得双赢。

（二）创新创业计划的内容

创新创业计划的内容包括创新创业描述、营销计划、组织与管理计划、财务计划、风险分析等。

1. 创新创业描述

创新创业描述是对创业企业相关事宜的总体介绍，应包括企业简介、历史、使命陈述、产品和服务、现状、启动资金、法律地位和所有权、选址等内容。

2. 营销计划

(1)市场分析

市场分析主要描述过去、现在和未来的市场需求，分析市场潜力，预测市场价格的发展趋势，列举市场上主要竞争者的优势和劣势，明确竞争策略。

(2)运营计划

运营计划提供了有关产品生产和服务开发方面的信息，具体包括厂房的选址和建造、原材料需求、设备购置、生产方法、制造流程、产品包装、成本预算、生产计划等方面的内容。

(3)销售计划

销售计划主要说明未来的销售策略(销售方法、促销方法、定价策略)、销售渠道、宣传方式与成本预算。

3. 组织与管理计划

组织与管理计划包括企业的组织结构及可能的变动，营销团队与管理团队的基本资料、专长和工作理念，企业的薪资结构、人才需求计划和培训计划等。即企业的组织结构及其关键人物背景资料的说明。

4. 财务计划

财务计划包括资金需求量、融资方式、资金使用规划、预估的营业收入与支出等。这些方面都需要花费较多的精力进行具体分析，其中重点是现金流量表、资产负债表、损益表的制备。

5. 风险分析

风险分析主要是向投资者分析企业可能面临的各种风险隐患、风险的大小以及融资者将采取何种措施来降低和防范风险、增加收益等，主要包括：市场的不稳定性，技术产品开发的不确定性，企业自身各方面的限制，财务收益的不确定性，创业者自身的不足，以及企业针对存在的某一种风险进行风险控制与防范的对策和措施。

（三）创新创业计划书的基本结构

一份完整的创新创业计划书应该包括封面、目录、执行摘要、正文和附录五大部分。

1. 封面

封面包括公司名称、地址以及主要联系人姓名、联系方式等。

2. 目录

目录概括了创新创业计划书的各主要部分的内容。

3. 执行摘要

执行摘要浓缩了创新创业计划书的精华，它涵盖了创新创业计划的全部关键点，简明扼要，投资者能在最短的时间内评审计划并作出判断。执行摘要一般包括以下内容：产品和服务、市场大小和增长机会、竞争优势、商业模式、执行团队、财务计划、资金需求与融资方案、获得回报的方式等。执行摘要应尽量展现创意的独特性、产品的市场潜力及创业团队的优势和亮点。

4. 正文

正文内容包括公司介绍，涉及产品或服务、市场分析、竞争分析、管理团队、投资说明、研发计划、生产经营计划、市场营销计划、人力资源计划、财务分析、风险分析、退出策略等。

5. 附录

附录是对主体部分的补充。受篇幅限制而不宜在主体部分过多描述的、不能在一个层面详细展示的，或需要提供参考资料、数据的内容，一般放在附录部分，以供参考。

附录一般包括以下内容：企业营业执照、审计报告、相关数据统计、财务报表、新产品鉴定、商业信函及合同、相关荣誉证书等。

互动空间

请分组并围绕“创新创业计划”展开讨论，思考并回答问题，做实践练习。

1. 分析创新创业计划对大学生创业的作用。

2. 下载一份创新创业计划书，评价其内容构成。

二、制订创新创业计划

制订创新创业计划所花费的时间，根据创业者的经验和阅历的不同而各不相同。无论花费多少时间，创新创业计划都应当尽可能充实细致，以便为未来的投资者描绘一个完整的创业蓝图，并使创业者能够全面地了解创业活动。

（一）制订创新创业计划的基本过程

制订创新创业计划需要从实施者及编写团队已有的知识储备分析、信息采集、综合把握、统筹考虑等多个方面进行有效的准备。

1. 组建编写团队

创新创业计划是实施创业的根据和大纲，应该由创业者及其团队来编写，它体现了创业者及其团队的能力和素质。通过编写创新创业计划可以帮助创业者理清思路，按照计划稳步实施。创新创业计划非常复杂，由创业者独立完成有些困难，因此，需组建团队共同承担编写工作。

2. 编写的基础工作

编写创新创业计划主要是用来描述项目前途，探索其中的合理想法，确认实现项目所需的必要资源以及寻求所需支持的过程。编写创新创业计划是创业者对各种资源的梳理与整合，并进行周密安排。这一过程需要创业者有清晰的逻辑思维，以便对创业项目进行准确、清晰的表达。

(1)分析创业现状

创业者根据自己能够提供的产品和服务的现状和市场需求、自身的优势和劣势、市场机会和威胁等对创业现状进行分析，为编写创新创业计划提供参考。

(2)确立创业目标

创业者要尽可能详尽、清晰、明确地确立创业宗旨和具体目标，这种目标要易于操作和可实现，应该考虑以下几个方面的因素：商品、市场、动机、信息、媒介、测定等。

(3)规划创业远景

在确立创业目标后，创业者应该考虑“建立什么样的企业”，包括企业发展战略、营销计划、财务预算、利润和现金流量预测等。

3. **综合把握，统筹考虑**

在上述工作的基础上，一份完整的计划书还要重点构思市场机遇与开发谋略、产品与服务构思、竞争优势、经营团队等。

4. **起草大纲和计划**

在构思和市场调研的基础上，创业者就可开始起草创业大纲和计划。大纲主要是体现创业者的想法，计划则对大纲进行了扩充和延伸。通过计划可以了解创业者要建立什么样的企业、为社会和顾客提供什么样的产品和服务，创业者有一个什么样的团队、面对挑战和竞争如何取得成功等。

5. **编写计划书**

编写计划书是制订创新创业计划的重要环节。编写团队在以前调研的基础上，根据相关格式和规范编写完成计划书，通过计划书全面反映创业计划的落实。

6. **审核更新计划**

在已经成形的创新创业计划的基础上，要根据变化的市场环境不断地对计划进行审核更新，使之更加完善、更具指导创业的功能。

（二）编制创新创业计划的原则

在编制创新创业计划的过程中，要把握以下七个原则。

1. **市场导向原则**

创业的目的是创造利润和财富，因此创新创业计划必须把握市场方向，以市场需求为导向，通过市场需求带动创业。同时，通过对市场需求进行合理的分析，寻找创业的合理依据，充分体现创业者对未来市场的把握。此外，要在创新创业计划中说明市场需求分析所依据的调查方法与事实证据等。

2. **彰显优势原则**

创新创业计划是实施创业的推荐性文件，要在编制时明确说明创业活动本身的优势和前瞻性。创新创业计划要呈现出具体的竞争优势，显示经营者创造利润的强烈愿望，同时也应该说明可能遇到的风险和威胁，不能只强调优势和机遇而忽略劣势和风险。

3. **前后一致原则**

创新创业计划内容繁多，前后的行文要相互一致、保持统一，体现内容的系统性和形式的逻辑性。避免出现前后不一、自相矛盾的现象。

4. **行文精练原则**

创新创业计划要避免啰唆的叙述，应该中心突出、主题鲜明、简明扼要、开门见山地介绍创业者的想法和观点。

5. **易于实践原则**

创新创业计划归根结底是要指导创业实践活动的，一旦确定，便是创业者拟定的创业行动蓝图。因此，它必须具有很强的可操作性，以便于实施。特别是其中的营销计划、组织结构、管理措施、应对风险的方法和策略等，必须具有可行性和可操作性。

6. **通俗易懂原则**

创新创业计划应尽量避免技术性很强的专业术语，要尽可能用通俗易懂的语言，以便交流。

7. **实事求是原则**

创新创业计划中的所有内容必须实事求是，即使是财务规划也要尽量客观、实际，切勿凭主观意愿进行估计。在创新创业计划中，创业者必须根据大量的调查进行科学分析，尽量列出客观、可供参考的数据与文献资料。

（三）准备创新创业计划中的信息收集

创新创业计划的准备过程实质上是信息的收集过程，是分析并预测环境和市场，进而化解未来不确定性的过程。在这个信息化时代，如何收集对自己有用的信息是值得每个企业思考的问题。

1. **信息的分类**

创业者收集到的信息可分为市场信息和环境信息。

(1)市场信息

市场信息包括行业信息、市场需求信息、产品信息、消费者信息和竞争信息。

第一，行业信息。包括新企业所在行业的基本情况，对存在的问题和发展趋势及企业产品在行业当中的需求变化情况。

第二，市场需求信息。包括目标市场是否存在对新企业的产品或服务的需求、需求的程度及所带来的利益、目标市场需求发展的未来趋势及其状态、影响目标市场需求的因素等。

第三，产品信息。包括新企业的产品的同类品牌、生产厂家、技术认证、产能规模、价格、销量及所占市场份额等。

第四，消费者信息。包括消费者构成及数量、购买力、消费心理、消费行为、消费动机等。

第五，竞争信息。包括市场竞争的结构和变化趋势、主要竞争对手的情况以及新企业的产品或服务的竞争力等。

(2)环境信息

环境信息包括政治环境信息、经济环境信息、社会文化环境信息和技术环境信息。

第一，政治环境信息。包括政府管制、经营许可、产业政策与贸易协定、税收优惠与政策鼓励等。不同国家的社会制度不同，不同的社会制度对组织活动有着不同的限制和要求。即使是社会制度稳定的国家，在不同历史时期，政府的方针政策也会有所变化。

第二，经济环境信息。关键要素主要包括国民生产总值、利润水平、财政货币政策、通货膨胀、失业率水平、居民可支配收入水平、汇率、能源供给成本、市场机制、市场需求等。这些因素直接决定着创业企业当前及未来的市场容量，对企业开辟市场、找准自身定位至关重要。

第三，社会文化环境信息。包括人口规模、年龄结构、种族结构、收入分布、受教育程度、人口流动性等信息。其中，人口规模直接影响着一个国家或地区市场的容量，年龄结构则决定消费品的种类及推广方式。

第四，技术环境信息。包括国内外科技总的发展水平及发展趋势，与企业所处领域直接相关的技术手段的发展情况，与企业生产有关的新技术、新工艺、新材料的出现和发展趋势及应用前景，技术转移和商品化速度等。

2. 信息收集的途径

(1)网络

当前是一个网络时代，大数据信息离不开网络。通过网络可以找到有用的信息和数据、用电子邮件与他人沟通交流、制作网页为企业营销提供平台。目前，我国与创新创业计划息息相关的网站有中国中小企业信息网、创业投资在线、中国大学生创业培训网、中国青年就业创业网、中国人力资源网等。

(2)新闻媒体

新闻媒体包括报纸、杂志、电视、广播等，每天都会发布大量信息，内容涉及宏观和微观领域的政治、经济、社会、科技和政策、法律、市场等信息。及时了解与企业相关的信息，能够掌握先机，对企业发展具有长足助益。

(3)公开出版物

创业者应该经常阅读图书，从公开资料中寻找促进企业发展的线索。

3. 信息收集的步骤

信息收集的过程一般包括以下四个步骤。

第一，制订收集计划。只有制订出周密、切实可行的信息收集计划，才能指导整个信息收集工作正常开展。

第二，设计收集提纲和表格。为了便于以后的加工、储存和传递，在进行信息收集以前，就要按照信息收集的目的和要求设计出合理的收集提纲和表格。

第三，明确信息收集的方式和方法。要在广泛的基础上有所深入，就要增加收集方式和方法的灵活性，这样才能获取有价值的信息。

第四，提供信息收集的成果。要以调查报告、资料摘编、数据图表等形式把获得的信息整理出来，并将这些信息资料与收集计划进行对比分析，有不符合要求的还要进行补充收集。

（四）市场调查的内容、方法与步骤

市场调查就是运用科学的方法有目的、系统地收集、记录、整理有关市场营销的信息和资料，分析市场情况，了解市场的现状及其发展趋势，为市场预测和营销决策提供客观的、正确的资料。

市场调查的目的就是弄清楚自己看中的或者掌握的创业项目的产品或服务在当地有没有市场、做还是不做。不管选择做还是不做，都要把调查的数据、材料摆到桌面上来，然后说服自己为什么能做或为什么不能做，而这些都需要体现在市场调查上。所以，一次科学的市场调查可以决定某个项目的生死，也可以决定创业者此次创业的成败。

1. 市场调查的内容

(1)市场容量

调查市场容量就是调查市场中的最大和最小容量以及它们的变化情况。创业者需调查现有和潜在顾客的数量以及他们对产品的需求量、不同市场的规模和特征、不同地域的市场时机和潜在性，以研究本企业在各领域可能扩展的程度和进入时机。

(2)产品及产业

首先，创业者要调查产品的合理程度，看看顾客对产品有何评价和意见，对产品的定价又有什么看法，以判断产品对顾客的吸引力并进一步改进。其次，创业者要对整个产业有所调查，如产业历史、增长率、所处生命周期的阶段以及长期发展前景等。通过这些调查，创业者能够对产业有一个清晰的认识，从而更好地制定发展战略。

(3)消费者

消费者的购买行为是市场调查的重要内容之一。创业者会针对消费者的类别、消费动机、消费习惯以及购买力水平等展开调查，以便将来最大限度地满足消费者需求。

(4)竞争者

在开放的市场经济条件下，做独家买卖太难了。在创业者开始创业前，也许已经有人做相同或类似的业务，这些就是其现实的竞争对手。也许创业者开展的业务是全新的，有独到之处，在刚开始经营的时候没有对手，但一旦生意兴旺，马上就会有许多人学习其业务，竞相加入，这些就是其潜在的竞争对手。了解竞争对手的情况，包括竞争对手的数量与规模、分布与构成、优缺点及营销策略，做到心中有数，才能在激烈的市场竞争中占据有利位置，有的放矢地采取一些竞争策略，做到人无我有、人有我优、人优我独、人独我精。

(5)环境

创业者须对国内外政治、经济、社会、科技等的变化趋势进行调查。环境的变化影响市场性质的变化，创业者要先对环境的变化有整体把握，才能够制订出符合实际的创新创业计划。

2. 市场调查的方法

第一，询问法，包括面谈、电话调查、问卷调查等。

第二，观察法，即现场观察顾客的动作、产品使用情况等。

第三，实验法，即向市场投放一部分产品进行实验，从而推断发展趋势。

第四，二手数据收集法，即调查各种文档中已收集的数据，包括产业调研报告、公司报表以及其他通过图书和网络可收集的数据等。

3. 市场调查的步骤

(1)明确调查目标

进行市场调查，首先要明确市场调查的目标。按照企业的不同需要，市场调查的目标有所不同。企业实施经营战略时，必须调查宏观市场环境的发展变化趋势，尤其要调查所处行业未来的发展状况；企业制定市场营销策略时，要调查市场需求状况、市场竞争状况、消费者购买行为和营销要素情况；当企业在经营中遇到问题时，应针对存在的问题和产生的原因进行调查。

(2)设计调查方案

市场调查方案一般包括调查目的要求、调查对象、调查内容、调查表、调查区域范围、样本抽取、资料收集整理方法等内容。

(3)制订调查工作计划

为了使市场调查顺利开展，还需要提前制订工作计划，具体包括建立市场调查组织领导机构、招聘及培训调查员、安排工作进度及确定市场调查费用预算等。

(4)组织实地调查

市场调查的各项准备工作完成后，开始进行实地调查工作，这时候要做好实地调查的组织领导、协调、控制工作。

(5)调查资料的整理和分析

实地调查结束后，即进入调查资料的整理和分析阶段。收集好已填写的调查表后，由调查人员对调查表进行逐份筛选，然后将符合条件的调查表统一编号，以便于调查数据统计。利用上述统计结果，按照调查目的的要求，针对调查内容进行全面的分析工作。

(6)撰写调查报告

撰写调查报告是市场调查的最后一项工作内容，市场调查工作的成果将体现在最后的调查报告中，调查报告将提交企业决策者，作为企业制定市场营销策略的依据。调查报告要按规范的格式撰写，一个完整的调查报告由题目、目录、概要、正文、结论和建议、附件等组成。

相关链接

蛋糕店计划书

一、蛋糕店概况

1. 本店属于餐饮服务行业，名称为“麦琪下午茶”，是个人独资企业。主要为人们提供蛋糕、面包、冰激凌以及饮料等。

2. 本店位于社区贸易街，开创期是一家中档蛋糕店，未来打算逐步发展成为像安德鲁森、朝阳坊那样的蛋糕连锁店。

3. 本店需创业资金9.5万元。

二、经营目标

1. 由于地理位置处于贸易街，客源相对丰富，但竞争对手也不少。特别是本店刚开业，要想打开市场，必须在服务质量和产品质量上下功夫，并且要进一步扩大经营范围，以满足消费者的不同需求。

2. 短期目标是在贸易街站稳脚跟，1年收回本钱。长期目标则是逐步发展成为一家经济实力雄厚并有一定市场占有率的蛋糕连锁店，在众多蛋糕品牌中闯出一片天地，成为蛋糕市场的知名品牌。

三、市场分析

1. 客源：本店的目标顾客有到贸易街购物娱乐的一般消费者，约占50%；四周学校的学生、在商店工作的职员、小区居民，约占50%。客源数量充足，消费水平中低档。

2. 竞争对手：根据调查结果得知，国内品牌蛋糕店有很多，仅福州连锁蛋糕店就有安德鲁森、朝阳坊、红叶、安琦尔等，因此竞争很激烈。

四、经营计划

1. 先到四周几家蛋糕店“刺探情报”，摸清不同种类和尺寸蛋糕的成本价，了解各类蛋糕店的经营理念以及经营的“小花招”。

2. 开业资金筹齐后，开始在各大蛋糕店“挖角”。不能“明目张胆”地挖，要趁店里人少时偷偷和店里师傅商量，或者招聘师傅。开蛋糕店，师傅很重要，所以要慎重考虑。

3. 据了解发现一套消费定律：“顾客永远没有最便宜的价钱。今天你能降低几元钱，明天可能就有同行竞争者以更低的价钱与你争夺订单。”从中体会到产品市场有一定的竞争策略：“降价促销并不是长期的经营策略，唯有以最好的材料制作出最高品质的产品，才能吸引顾客，将顾客留住。”

4. 蛋糕店主要是面向大众，因此价格不会太高，属中低价位。

5. 可印一些广告传单，以优惠券的形式发放，以达到广告宣传的效果。

6. 蛋糕店可以专门开辟休闲区域，设置很多造型别致的座椅。顾客可买上一些点心，坐在蛋糕店里慢慢品尝，使蛋糕店的休闲功能得到进一步强化。

7. 经过多方调查，出于竞争等方面的需要，不少蛋糕店推出一些与蛋糕并没有太多关联的休闲食品，借以形成新的利润增长点。在经营的品种上，不少店主有一些推陈出新的举措。比如在炎炎夏季，会合时令地推出眼下非常流行的冰粥和刨冰，以及奶茶、果汁类的饮料。

8. 建立会员卡制度，卡上印有会员的名字。会员卡的优惠幅度并不大，如9.5折。一方面，这可以给消费者受尊重感；另一方面，也便于服务员称呼消费者。特别是假如消费者和别人在一起，而服务员又能当众称他们为先生或女士，他们会觉得很受尊重。

9. 在桌上放一些宣传品、杂志，内容是关于糕点、饮料的知识、故事等，可以提升品位、烘托气氛，也能增加消费者对品牌的好感。

10. 无论是店面装修、店员形象还是蛋糕制作，都要给顾客健康、卫生的感觉。蛋糕店一定要严格遵守食品卫生法，这是立足之本。

11. 食品行业有特别的岗位劳动技能要求：从业人员必须持有健康证。

五、财务估算

启动资产：大约需9.5万元。

设备投资：

1. 门面装修约2000元(包括店面装修和灯箱)。

2. 货架和结款台约1500元。

3. 员工(2 名)统一服装 500 元。

4. 机器设备是最大的投资：8 万元(包括制作蛋糕的全套工具)。首期进货款：面粉、奶油等原材料，约 6000 元。

5. 月销售额(平均)：据有关内行人士评估，如此一家小型蛋糕店在经营走上正轨以后，月销售额可达 21000 元。

6. 每月支出：14033 元。房租：最佳选址在居民较密集的小区、社区贸易街及靠近小孩子的地段(如幼儿园或者游乐场)，约 5000 元。

7. 货品本钱：30%左右，约 5000 元。员工工资：10 平方米的小店需要蛋糕师傅 1 名，服务员 1 名，工资共计 2000 元。

8. 水电等杂费：700 元。设备折旧费：按 5 年计算，每月 1333 元。月利润：6967 元左右。按此估算，一年左右即可收回投资。

六、风险及制约因素分析

由于蛋糕店不是所在街道或者小区的第一家店，顾客很难改变一贯的口味，所以就得花费更大的财力物力和“花招”来招揽顾客。

七、附录

附录 1　法律要求(略)

附录 2　商店明细

地　　址：××××

联系电话：××××

营业时间：××××

三、创新创业计划的编写与展示

创新创业计划是将创业活动的相关内容借由白纸黑字最后落实的载体。创新创业计划的质量往往会直接影响创业者能否找到合作伙伴、获得资金及其他政策的支持。在编写创新创业计划时，应严格注意编写范围、技巧、要点及展示。

（一）创新创业计划的编写范围

1. 创业者的角度

创业者应比任何人都了解包含在新企业中的创造力和技术。创业者首先必须很清楚地表达出新企业在经营什么、有什么特色和卖点。

2. 市场的角度

创业者如果是一个技术专家，往往只会考虑技术和产品本身，而不会考虑产品能否卖得出去，这就是创业失败的前奏。因此，创业者必须用消费者的眼光来审视企业的经营运作，采取以消费者为导向的市场营销策略。这就需要创业者进行大量的市场调查工作，必要时还可向市场营销专家请教。

3. 投资者的角度

创业者应用投资者的眼光来考察企业的生产经营。投资者往往特别关注创新创业计划中的财务规划，如果创业者不具有财务分析和预测的能力，也可聘请外部的财务顾问提供帮助。

（二）创新创业计划的编写技巧

1. 内容吸引阅读对象

创新创业计划依据创业者的不同目的有不同的类型：吸引风险投资的创新创业计划、吸引合伙人的创新创业计划、获取政府和公共部门支持的创新创业计划以及针对企业家个人的创新创业计划等。一份有助于获得所需资金或其他资源支持的创新创业计划的撰写，关键在于对投资者以及其他资源拥有者心理的把握。创业者用文字与阅读对象进行沟通，旨在达成共识。因此，创新创业计划要根据审阅者的不同在内容上有所侧重，要能够吸引阅读对象。从投资者角度看，管理团队以及市场机会的价值是两项关键的投资要素。所以，希望获得投资的创新创业计划一定要充分展现高素质的管理团队和凸显新企业创意价值的亮点，使投资者欣赏，产生进一步探寻的欲望。

2. 内容要真实

投资的目的是索取回报。投资者并不欣赏文采出众、辞藻华丽，而是更看重客观、真实的市场分析和论证。因此，创新创业计划书内容一定要真实，力求通过实际市场分析和实地调查数据来表达观点，尤其不能夸大吹嘘。对于市场占有率、销售收入、利润率等指标的预测要做到客观合理，数字尽量准确，少做粗略估计。

3. **要素齐全，详略得当**

(1)目标明确，主题突出

创新创业计划的目的是获取资源，创业者应该避免与主题无关的内容，要明确目标、直奔主题。此外，编制创新创业计划还要考虑到目标阅读者的因素，他们对创新创业计划的要求和兴趣不同，创新创业计划的内容和侧重点也应该有所区别。

(2)简明扼要，通俗易懂

创业者必须认识到，创新创业计划不是文学作品，也不是学术论文，飞扬的文采、深奥的专业术语不仅不能打动目标阅读者，反而不利于他们阅读和理解。因此，创新创业计划的语言应该通俗易懂，尽量避免专业术语，能够表达清楚自己的观点即可，不要过分渲染。

(3)结构完整，要素齐全

创新创业计划是一种正式的规范性文件，在结构和内容上都有规范要求，但又不能千篇一律。撰写创新创业计划时，最好能有一份优秀的创新创业计划作为参考。一方面，结构必须完整，要素要齐全，创新创业计划的各个部分都应该包括在内；另一方面，在内容的表述上要规范化、科学化，详略得当，财务分析最好采用图表描述，形象直观。此外，创新创业计划还应该注意统一版面格式。

4. **撰写完毕仔细检查**

创新创业计划撰写好之后，应当着手从以下几个方面检查缺漏：①是否说明了产品或服务，能否打消投资者对产品或服务的疑虑；②是否显示出你具有的优势与能力；③是否显示出你有能力偿还借款；④是否显示出你已进行完整的市场分析；⑤是否阐明了可能的风险及应对策略；⑥是否明确指出投资风险与价值；⑦是否在文法上全部正确。

（三）创新创业计划的编写要点

1. **关注产品或服务**

在创新创业计划中，创业者应提供所有与企业的产品或服务有关的细节，包括企业所实施的所有调查。创业者应尽量让投资者理解企业的产品或服务，这样投资者才会对创业者的产品或服务产生兴趣。

2. **关注竞争对手**

在创新创业计划中，创业者应细致地分析竞争对手的情况，界定竞争者，识别竞争者的目标和战略，分析竞争者的优势和劣势。

3. **关注市场需求**

创业者编制的创新创业计划要为投资者提供新企业对目标市场的深入分析和理解。创业者要通过市场细分变量细致分析地理、人口、心理和行为等因素对消费者购买的影响，并由此选择适合本企业发展的目标市场。目标市场的选择完成后，创业者应为目标消费者生产其所需要的产品或服务，进行市场定位，而不是盲目生产、大规模营销，造成企业资源的不足或浪费。

4. **关注财务状况**

创业企业的财务计划是投资者最为关注的内容之一，因为它直接关系到新企业能否成功运作。融资后的资金该如何运用、利润能否保证，创业者只有提供详细的财务信息才能告诉投资者其投资是否值得、投资风险如何。因此，创新创业计划中必须包括企业的资金明细表、预计的财务报告、资产负债表、现金流量表、盈亏分析、比率分析，以及具体的生产和设备的成本是多少、企业是买设备还是租设备，解释与产品生产、储存和发送有关的固定成本和变动成本的情况等一系列问题。

5. **关注创业团队**

在创新创业计划中，创业者应描述团队管理队伍及其职责，再分别介绍每位管理人员的特殊才能、特点和造诣，细致地描述每位管理人员将对企业作出的贡献。创新创业计划中还应明确企业管理目标以及企业组织机构图。

6. **关注计划的撰写质量**

投资者主要是依据创业者提供的创新创业计划来做出是否对新企业进行投资的决定，故创新创业计划的撰写质量十分重要。因此，创新创业计划中必须包括企业内部的基本情况、企业的能力及局限性、企业的竞争对手、企业的营销和财务战略、企业的管理队伍等情况。如果企业是一本书，那么创新创业计划就是这本书的封面，只有将其做好，创业者才能够吸引投资者的关注。

（四）创新创业计划的展示

创新创业计划编制完成并发放后，如果引起了投资者和银行家的兴趣，或者需要与竞争者竞争商业机会，那么创业者通常就需要对自己的创新创业计划进行口头介绍和展示。要想获得投资者和银行家的最终肯定，创业者如何展示自己的创新创业计划是关键。

1. 准备并发表创新创业计划演讲

首先，创业者应尽可能多地收集听众的信息，通过网络搜索等渠道仔细调查听众的背景。其次，创业者要清楚自己的演讲时间，并提前做好规划，严格控制时间，反复练习演讲。再次，创业者的着装要得体，团队成员的着装最好统一。最后，创业者要使演讲生动有趣、充满激情，如介绍个人经历和趣闻轶事、保持幽默、通过手势和激昂的语调显示热情等。

2. 充分利用展示手段

创业者在创新创业计划的展示过程中能用到的手段通常有视频、实物、幻灯片等。

(1)视频

视频能给人呈现出直观映像，可以大幅度增强视觉信息的传递效果，提高信息的传递效率，这是仅凭口头话语无法达到的。

(2)实物

实物一般指实际产品、模型，具有极强的说服力和吸引力。实物展示可以增加真实性，提高创新创业计划的可信度。

(3)幻灯片

幻灯片展示是创新创业计划展示必不可少的部分，也是最关键的部分。幻灯片展示要确定一个整体展示思路，按一般的展示顺序进行，通常有概述、问题引出、企业简介、产品或服务介绍、市场分析、团队介绍、生产与销售、财务分析、风险控制和最后的总结。

拓展阅读

创业中不需要讲的五大理由

有管理学者曾讲过这么一句话："创业，其实人人都会成功。只是有些人被陈腐观念所束缚，也就失去获取成功的最佳时机，未能成为命运的宠儿。"事实也是如此。前怕狼，后怕虎，何来成功？以下五种常见的理由，对创业者来说是"忌讳"。如果被其绊倒，成功也就遥遥无期了。

理由一：没有足够的资金

不少渴望创业的人表示，其实自己并不喜欢打工，只是因为资金不够，也就未去创业。正方培训中心总经理魏先生表示，那只是不敢创业的借口。他在开办电脑培训业务时只有一台二手486电脑，并且是在一间位于七楼的民房内开始创业生涯。至于启动资金，全部加起来也不到3000元。可自己豁出去了，不成功不罢休。几年拼搏下来，不单电脑更新换代，也让自己在业界小有名气，固定资产已逾百万。他常说的一句话是："创业并不需要太多的钱。如果钱太多了，也就无所谓创业了。"

理由二：没有稳赚的项目

有人曾连同一知名网站进行过一次有关创业问题的心理调查，从反馈的结果看，有超过80%的被调查者表示，如果没有稳赚的项目，自己宁愿打工，也不去盲目投资创业。但维美广告设计公司总经理曾先生表示，赚与不赚只是一个相对的概念。他举了一个例子：房地产几乎被公认是利润最高的产业，可在这一领域，经营成功的公司不到30%。是因为项目不赚钱吗？绝对不是！是因为缺乏赚钱的方法。因此他建议，如果想创业成功，不要过分计较项目好与不好，而要琢磨自己是否爱好这个行业、喜欢这个项目。如果具备这两个基本条件，有好方法加巧手段，泥土也能变黄金。

理由三：没有十足的信心

信心是制胜的法宝。可一些人在期望创业时，总是觉得信心不足，相反，更多地怀疑自己是否有驾驭项目与风险的能力。在这种消极心态的作用下，也就与机遇和幸运擦肩而过。从事直销行业的陈先生表示，因为"传销"的关系，我国的直销市场一直烽烟四起、战火纷飞。但自己对所代理的品牌进行充分考证后，认为合情合法合理，尽管亲友团的反对多于赞成，还是需要拿出"不入虎穴，焉得虎子"的勇气，干了起来。经过两年的风吹雨打，自己的直销店也从一家发展到五家，年收入均在百万以上。他说：“你说，在我国现有直销状况下，能有百分之百成功的把握吗？肯定没有！只是自己比别人大胆一点，敢于尝试去做，还真成功了。”

理由四：没有成功的经验

经验来自不断摸索与积累，没有谁生下来就什么都懂、什么都会。这一道理几乎人人都懂，可面对创业时，却有相当多的人在这方面犯迷糊。纪先生是一家鞋业集团的老板，资产逾亿。他在谈到创业的体会时说：“十年前，我开始涉足运动鞋。当时，我根本不知道会有今天的规模，只是觉得人人都要穿鞋子，世界如此之大，市场应该不会小。”于是自己创办鞋厂，从中底起步，贴牌生产，边走边看，边做边改，日积月累，便从门外汉成为这一领域的专家。他不赞同“经验说”，认为那是创业者的脚镣手铐，是懦夫与失败者的理由。

理由五：市场竞争太激烈

“要说竞争，在这个社会，没有哪一行没有竞争。可因为有竞争，才使企业发展更加快速，社会发展才会多元化。如果希望在风平浪静中获得创业的成功，也许只有梦中才存在。”从事顾问服务的金宏文化传播公司总裁邹先生如此告诫。他认为，创业者就必须到社会的浪潮中接受洗礼，只有竞争过才会知道自己与对手的差距、自己对市场的认识的不足。他坦言，吃自己所从事的顾问服务这碗饭的人早已多如牛毛，一台电脑一部手机就能办公的事实早已户人皆知，鱼龙混杂是当前顾问咨询行业的真实写照。因为自己始终坚持“唯精唯一、专业执着”的经营之道，在竞争白热化的这个行业还是站稳了脚跟，赢得客户青睐。

任务二 创新创业资源获取

任务导入

杨震凯20岁的时候，正值中国创业元年2014年，在国务院总理李克强公开发表鼓励大众创业、草根创业的讲话后不久，教育部在12月向全国高校下发通知，支持在校学生休学创业，要求高校加大支持学生自主创业的力度。

那一年杨震凯决定辍学创业，跟另两个90后独立开发者创立了新媒体管家。那时候微信公众平台很火，不少自媒体人和创业者依靠微信公众号赚钱，然而管理微信公众号的体验并不好，市面上也缺少好用的新媒体管理平台。杨震凯和他的创业伙伴看中了这片空白的市场，针对微信公众号运营者的痛点，开发出一款新媒体的移动端管理平台，并于2014年6月上线。

让杨震凯感到出乎意料的是，新媒体管家很快就火了起来，上线不到一周，就已经有5万个公众号使用新媒体管家来管理。2014年11月，新媒体管家上线仅半年就获得IDG数百万的A轮资本风险投资，并开始扩张之路。如今，新媒体管家已经拥有一百万的用户，刚上线了新产品"新媒体管家Plus"Chrome插件，推出GIF搜索引擎、一次扫码登录多个平台账户等多个功能。新媒体管家团队的规模已经扩展到三四十人，公司月盈利过百万。2016年6月，新媒体管家成立两周年之际，获得国内一家知名互联网公司的3500万战略投资。拿到投资的时候，新媒体管家首席执行官杨震凯只有23岁。

【启示】杨震凯选择辍学创业，展现了当代大学生磨砺自强的可贵精神。同时，也生动地演绎了创业过程中获取资源、开发与整合资源的真谛。杨震凯创业的故事，充分说明了创业企业获取资源、开发与整合资源的重要性。

（案例来源：搜狐网，http：//m. sohu. com/a/124626558 413981，2017-01-18有删改）

资源是构成市场经济活动的基本因素，拥有一定数量的资源可以获得经济活动的主动性，进而掌控行业制高点。但是对于大多数创业者来说，资源稀缺已经常态化，始终与创业行为如影随形。

一、 创新创业资源的概念

创新创业资源是指企业创立及成长过程中所需要的各种生产要素和支撑条件，是创业企业在创造价值过程中所需要的特定资产。

对于创业者来说，只要是对创业项目和创业企业的发展有所帮助的要素，都可以归入创业资源的范畴。创业者既要积累个人资源，也要善于创造性地整合社会资源，以创造有利于创业的良好条件。

二、 创新创业资源的分类

创新创业资源是企业创立及成长过程中必需的资源，可以从不同角度进行分类。尽管学术界对于创新创业资源类型的界定尚未有统一标准，但是目前对创新创业资源的多角度分类有助于人们理解创新创业资源的来源、构成以及获取与整合。

目前，学术界对创新创业资源的分类一般有以下三种。

（一）按其来源分类

1. 自有资源

自有资源是指创业者或创业团队自身所拥有的可用于创业的资源，如自有资金、自有技术、自己获得的创业机会信息、自建的营销网络、自己控制的物质资源或管理才能等。甚至在有的时候，创业者所发现的创业机会就是其所拥有的唯一创新创业资源。在这个问题上，我们也许可以从阿玛尔·毕海德的话中得到启示："准创始人中绝大部分面临的最大挑战不是筹集资金，而是如何在没有资金的情况下把事情办好的智慧和干劲。"

自有资源可以通过内部培育和开发获取，企业可以通过一定的方式在内部开发无形资产、培训员工以及促进内部学习。

2. 外部资源

外部资源是指创业者从外部获取的各种资源，包括从朋友、亲戚、商务伙伴或其他投资者处筹集到的投资资金、经营空间、设备或其他原材料等，以及通过提供未来服务、机会等换取到的资源。外部资源是实现企业成长的重要资源。由于企业受自有资源"瓶颈"的影响，需要吸取适合自身发展的新鲜资源，其中关键是拥有资源的使用权并能控制或影响资源的部署。自有资源(特别是技术和人力资源)的拥有状况会影响到外部资源的获得和运用。

（二）按其存在形态分类

1. 有形资源

有形资源是具有物质形态的、价值可用货币衡量的资源，如组织赖以存在的自然资源以及建筑物、机器设备、原材料、产品、资金等。

2. 无形资源

无形资源是具有非物质形态的、价值难以用货币精确衡量的资源，如信息资源、人力资源、政策资源以及企业的信誉、形象等。无形资源往往是撬动有形资源的重要手段。

（三）按其对企业的成长作用分类

直接参与企业生产、经营活动的资源，称为要素资源；未直接参与企业生产、经营活动，但其存在可以极大地提高企业运营效率的有效性资源，则称为环境资源。

1. 要素资源

场地资源：包括场地内部的基础设施建设、便捷的计算机通信系统、良好的物业管理和商务中心，以及周边方便的交通和生活配套设施等。

资金资源：通常指及时的银行贷款和风险投资、各种政策性的低息或无偿扶持基金，以及写字楼或者孵化器所提供的便宜的租金等。

人才资源：包括高级科技人才和管理人才的引进、高水平专家顾问队伍的建设等。创业者是新创企业中最重要的人才资源，因为创业者能从混乱中看到市场机会，创业者的价值观和信念更是新创企业的基石。合适的员工也是人才资源的重要组成部分。因此，高素质人才——技术人员、销售人员和生产工人等的获取和开发，便成为企业可持续发展的关键因素。

管理资源：包括企业诊断、市场营销策划、制度化和正规化企业管理的咨询等。

科技资源：包括对口的研究所和高校科研力量的帮助、与企业产品相关的科技成果以及进行产品开发时所需要用到的专业化的科技试验平台等。

2. 环境资源

政策资源：包括允许个人从事科技创业活动，允许技术入股，支持海外与国内的高科技合作，为留学生回国创业解决户口、子女入学等后顾之忧，简化政府的办事程序等。政府的各种创业扶持政策主要包括财政政策、融资政策、税收政策、科技政策、产业政策、中介服务政策、对外经济技术合作与交流政策、政府采购政策、人才政策等。

信息资源：包括及时的展览会宣传和推介信息、丰富的中介合作信息、良好的采购销售渠道信息等。

文化资源：包括高科技企业之间相互学习和交流的文化氛围、相互合作和支持的文化氛围，以及相互追赶和超越的文化氛围等。

品牌资源：包括借助大学或优秀企业的品牌、借助科技园或孵化器的品牌，以及借助社会上有影响力的人士对企业的认可等。

三、影响创新创业资源获取的因素

（一）创业导向

创业导向是一种态度和意愿，这种态度和意愿会导致一系列创业行为。创业导向会促进机会的识别和开发，进而促进资源的获取。因此，创业者要注重创业导向的培育和实施，充分关注创业者特质、组织文化和组织激励等影响创业导向形成的重要因素，采取有效的方式获取资源，并在资源的动态获取、整合和利用过程中注意区分不同资源，充分发挥知识资源的促进作用。

（二）商业创意的价值

创业的关键在于商业创意。商业创意为资源获取提供了杠杆，但获取资源还有赖于创意的价值被资源所有者认同的程度。换言之，一种能被资源所有者认同的、有价值的商业创意，才有助于降低创业者获取资源的难度。

（三）创新创业资源的配置方式

由于创新创业资源的异质性、效用的多维性和知识的分散性，人们对于同一创新创业资源往往具有不同的效用期望，有些期望难以依靠市场交换得到满足。如果通过资源配置方式创新，能够开发出新的效用，使之更好地满足资源所有者的期望，创业者就有可能从资源所有者手中获得资源使用权，以开展生产经营活动。

（四）创业者的管理能力

创业者的管理能力是企业软实力的主要表现，管理能力越强，获取资源的可能性越大。创业者的管理能力可以从其沟通能力、激励能力、行政管理能力、学习能力和协调能力等多方面衡量。创业者通过管理能力获取必要资源的同时，还能为创业企业创造良好的发展环境。

（五）社会网络

社会网络是机构与机构之间及人与人之间比较持久、稳定的多种关系结合而成的网络关系。创新创业资源广泛存在于各种资源所有者手中，这些资源所有者又处于一定的社会网络之中，而且人们对于商业活动的认识和参与客观上会受到自己所处网络及在网络中地位的影响。所以，社会网络对于创新创业资源的获取具有重要的意义。不同的社会网络和网络地位，为人们之间的沟通协作提供了不同渠道。

互动空间

1. 请分析你自己拥有哪些资源，哪些资源还有巨大的潜力有待开发。

2. 请分析你获取资源会受到哪些内外部因素的影响，如何使其发挥正面作用、减少负面作用。

四、 创新创业资源的获取途径

资源获取是创业者在确认并识别资源的基础上利用其他资源和途径获取创业资源并使之为创业服务的过程，是资源整合过程中不可或缺的重要环节。创业活动的开展需要多种资源的投入，这要求创业者在创业过程中不断地开辟多种渠道，从多方面获取所需的各种资源，确保新企业的生存与发展。

（一）自有资源

大学生在创业之初获取的创新创业资源大多数是自有资源。

（二）内部积累

资源的内部积累是指利用现有资源在企业内部经过培育后形成新的资源，包括自建企业的厂房、装置、设备在企业内部开发新技术，通过培训增加员工的技能和知识，通过企业自我积累获取资金等。

（三）外部环境

企业的创新和成长需要消耗大量资源。一般来说，新企业实力非常弱小，资源有限，因此可以从外部环境中获取资源。例如，新企业通过与供应商、销售商及消费者的交流和合作获取物质、技术、信息等资源；通过同行业企业获得技术，并促进技术的标准化；通过对外部市场的调查研究发现消费者的需求缺口，获得更多商机信息等。

（四）资源购买

资源购买主要是利用资金通过市场购入所需要的资源，包括购买厂房、装置、设备等物质资源，购买专利和技术，聘请有经验的员工等。例如新企业可以购买他人的成熟技术，对技术市场寿命进行分析，然后通过后续的完善和开发，使技术达到商业化的要求。此外，企业还可以通过股权收购和资产收购的方式，将外部资源内部化。资源购买的前提是所购入的资源与企业原有的资源具有高度关联。

（五）无形资源吸引

无形资源吸引是指发挥新企业、创业者、创业团队的形象魅力和声誉，通过无形资源的吸引作用，向外部展示新企业的商业计划、阐述新企业的美好前景，利用创业者和创业团队的形象和威信获得厂房、装置、设备，获得专利和技术，吸引有行业经验的员工，获得资金资助等。

（六）社会网络

在创业者自有资源有限的情况下，社会网络就成为获取所需资源的重要途径。大学生利用其以社会关系网络形式存在的社会资本来获取资源，一方面可以绕过难以获得借贷资本与风险投资的障碍，另一方面大大简化了融资的程序，缩短了融资时间，降低了交易成本。

五、 创新创业资源的获取技巧

为了及时、足额并以较低成本获取创业所需要的资源，创业者需要掌握一定的获取创新创业资源的技巧。

（一）充分重视人力资源的获取

人力资源在创业资源中的决定性作用要求创业者必须充分重视人力资源的获取。创业者一方面应努力增加自身能力的培养，另一方面应充分重视创业团队的建设。一个知己知彼、才华各异、能力互补、目标一致和彼此信任的团队是创业中最为重要的资源，也是创业成功必不可少的保证。

（二）以能用和够用为原则

创业者在获取资源时应坚持能用的原则，只有满足自己的需求、自己可以支配并使其充分发挥作用的资源，才是需要获取的资源。另外，资源的使用是有代价的，因此在获取资源时应该本着够用的原则，而不是多多益善。

（三）尽可能获取多用途资源和杠杆资源

资源自身的特性决定了其用途的不同，有的资源可能在不同场合具有不同的用途，获取具有多用途的资源可以帮助创业者应付创业过程中出现的意外。具有独特创造性的知识是现代社会的高杠杆资源，对于杠杆资源的合理利用有助于创业者取得一定的杠杆收益，达到事半功倍的效果。

拓展阅读

大学生创业成功十大经典案例

无论是“大学生心灵导师”李开复，还是“创业教主”周鸿祎，都在不停地奉劝：“大学生不要直接创业，要先进入社会积累一些经验……”似乎大学生创业或大学毕业就创业成了创业失败的另一种说法。但是真实情况是这样吗？

经过调查，发现很多创业成功者其实都是典型的大学生创业者，他们用自己的实例证明：中国大学生也可以如扎克伯格、比尔·盖茨那样，做一个成功的创业者。

当然，创业有风险，入行需谨慎，一个创业者必备的素质是能清楚判断形势、做出决策，究竟你是否要直接创业，还得你自己说了算。

1. 杨明平

超级课堂的联合创始人杨明平是典型的大学生创业者，而且是一位连续创业者。杨明平毕业于中欧国际工商学院。2005 年，读大三的他接手了学校边上的一家川菜馆，发展成拥有 400 多平方米、一年 200 多万营业额规模的火锅店，大学的创业经历为他赢得第一桶金。而后杨明平决定朝着更大的方向发展，进入在线教育领域，创建超级课堂。

超级课堂成立于 2010 年 10 月，将线下教育搬到线上，为中小学生提供好莱坞大片式的网络互动学习课程。

2. 舒义

舒义19岁就开始创业，读大一时就是国内最早的Web 2.0创业者之一，创办过国内第一批博客网站Blogku、Blogmedia，还创建了一个高校SNS和一家校园电子商务公司。

2006年舒义第三次创业，创办了成都力美广告有限公司，后发展为中西部最大的专业网络广告公司之一。2009年舒义成立北京力美广告有限公司(i-Media)，两年内发展为国内领先的移动营销解决方案公司，并于2011年获得IDG资本投资。目前舒义开始尝试天使投资，投资创办过多家移动互联网公司。

3. 王学集

王学集出生于浙江温州，毕业于浙江理工大学。大学时和2位同学一起创业，大三时正式发布phpwind论坛程序、2004年，大学毕业的王学集成立公司，公司亦命名为phpwind，中文名“杭州德天信息技术有限公司”，专门提供大型社区建站的解决方案。目前，phpwind已成为国内领先的社区软件与方案供应商，PW6.3.2版本的推出更在社区软件领域树立起一个极高的技术壁垒，phpwind8.0系列版本则推动了社区门户化。

phpwind于2008年5月被阿里巴巴以约5000万元人民币的价格收购，现在隶属于阿里云计算有限公司，为阿里云计划提供了强有力的支持。

4. 黄一孟

电驴(VeryCD)之父黄一孟是一名中途离开大学的创业者。2003年，verycd.com只是爱好计算机的大学新生黄一孟陆续注册的众多个人网站中的一个。当时，因为不满于网络上质量不高且需收费的电影资源，一批和黄一孟有着类似热情的用户很快在电驴聚集起来，他们在下载的同时也愿意上传自己的资源。这让黄一孟意识到，这个所谓的个人网站不再只对他一个人具有价值。2004年，电驴因黄一孟中途离开学校专心创业而成立了一个工作室。

黄一孟除了是电驴的创始人，也是心动游戏的创始人。2012年，心动游戏的收入达到了10亿元人民币。从入不敷出的电驴到年收入10亿元的网络游戏公司，黄一孟依靠自己的感觉和摸索去创业。

5. 黄恺

桌游《三国杀》风靡全国，其创始人黄恺正是一位标准的大学生创业者。黄恺

2004年考入中国传媒大学动画学院游戏设计专业，他在大学时期就开始“不务正业”，模仿国外桌游设计出了具有中国特色、符合国人娱乐风格的桌游《三国杀》。2006年10月，黄恺开始在淘宝网上贩卖《三国杀》，没想到大受欢迎。毕业后，黄恺并没有任何找工作的打算，而是借了5万元注册了一家公司，开始做起《三国杀》的生意。2009年6月底，《三国杀》成为中国第一款被移植至网游平台的桌游。2010年，《三国杀》正版桌游售出200多万套。

粗略估计，《三国杀》迄今至少给黄恺带来了几千万的收益。随着《三国杀》牌品的发展，收益还将会继续增加。

6. 蒋磊

铁血网创始人蒋磊是典型的大学生创业者，16岁保送清华，创办铁血网；20岁保送硕博连读，中途退学创业。如今，铁血网稳居中国十大独立军事类网站榜首，铁血军品行也成为中国最大的军品类电子商务网站，年营收破亿，利润破千万。

倒回2001年，16岁的蒋磊初入清华园，宿舍没有电脑他只能去机房捣鼓他的网页，把自己喜欢的军事小说整合到的网页上。他的“虚拟军事”网页一经发布，就吸引了大量用户，第二天就达到了上百的浏览量。蒋磊很兴奋，他把“虚拟军事”更名为“铁血军事网”。

2004年4月，蒋磊和另一个创始人欧阳凑了十多万元，注册了铁血科技公司。其间，蒋磊还被保送清华硕博连读学习了一阵。2006年1月1日，蒋磊顶住了家庭以及学校的压力，毅然决定辍学创业，以首席执行官的身份正式出现在铁血科技公司的办公室里。经过12年的努力，蒋磊的公司拥有员工200余人，他创办的网站已成为能够提供社区、电子商务、在线阅读、游戏等产品的综合平台。据透露，截至2012年12月，网站已有1000万注册会员，月度覆盖超3300万用户，正处于稳步且高速的增长中。

7. 陈鸥

聚美优品的首席执行官陈鸥也是一名标准的大学生创业者，他的大学生创业经历要追溯到他的上一个创业项目GG游戏平台。陈鸥16岁的时候考上了新加坡南洋理工大学，作为一个资深游戏爱好者，在大四的时候他决定在游戏领域创业，凭着有限的资源做出了后来影响力巨大的GG游戏平台。作为当时没有任何资源的大学生创业者，那时的创业经历是非常艰苦的。据陈鸥回忆，那时候他为了节省成本，不得不每天都吃最便宜的鱼丸面。

后来，陈鸥出售 GG 游戏平台，获得了千万级别的收益，也为自己后来的创业道路做了极好的铺垫。他创办的 GG 游戏平台，仍然是现在东亚地区最受欢迎的游戏平台之一，全球拥有超过 2400 万用户。

8. 戴志康

康盛创想创始人戴志康是无数互联网人的偶像，他创造的“Discuz!”开源模板与“Wordpress”并称世界上最伟大的两个开源网站模板，被数以百万计的站长使用，深刻地改变了中国互联网。戴志康也是一位大学生创业者。

戴志康出生于一个知识分子家庭，父亲是大学教授，亲属中也有很多人是老师。据说，因为这种家庭背景，戴志康从小时候开始就一直接触电脑。在计算机性能不断升级的过程中，他的编程技术也日益提高。戴志康从小学刚毕业后的 1995 年开始初步尝试编制软件，初中、高中时期，他几乎席卷了各类计算机大赛。戴志康 2000 年考上哈尔滨工程大学，2001 年便在校外创业。他在外面找到一间月租 300 元的房子，一天差不多 15 个小时都泡在电脑前面，最终他创造的“Discuz!”成为中国最成功的建站开源模板。“Discuz!”于 2010 年被腾讯以 6000 万美元的价格收购。

9. 王兴

一提到王兴，很多人脑海里面首先想到的称号就是连环创业客，因为他是校内网、饭否网、美团网这三个中国大名鼎鼎的网站的联合创始人。除此之外，他还有另外一层身份——大学生创业者，即在毕业之后，没有丰富的职业履历就开始创业的人。

他是人们口中的天才少年，没有参加高考就被保送到清华大学，毕业后拿到全额奖学金，去了美国特拉华大学，师从第一位获得 MIT 计算机科学博士学位的中国学者高光荣，随后归国创业。在一两个不算成功的创业项目之后，王兴创立了“中国版 Facebook”校内网，并很快风靡大学校园。校内网于 2006 年 10 月被千橡以 200 万美元收购。2007 年 5 月 12 日，王兴创办饭否网，这也是中国第一个“类 Twitter 项目”。但就在发展势头一片大好之际，饭否网被关闭，让王兴的事业受到挫折。之后王兴于 2010 年 3 月上线新项目美团网，并在“千团大战”之中脱颖而出，稳居行业前三，先后获得红杉和阿里的两轮数千万美金元融资。这个连环创业客的事业正逐渐走上正轨。

10. 郭敬明

郭敬明这个名字伴随着80后的成长，如今他的小说也影响着90后。我们在这里不评判“小四”的文学水平、导演水平，单以一个创业者的身份来看，他是极其成功的。

他有着惊人的商业嗅觉，他在大学时便成立“岛”工作室，出版一系列针对自己小说受众的杂志。之后他成立了柯艾文化传播有限公司，逐渐建立起自己的商业版图。

以今天各报纸杂志纷纷转型产业链服务来看，郭敬明早在2005年就察觉了这一点。从那时起他就为读者提供“立体服务”，例如推出音乐小说《迷藏》、推出小说主题的写真集、拍摄偶像剧《梦里花落知多少》，在青春读物的基础上打造了一条属于自己受众的文化消费产业链，开始深耕产业布局。而今，郭敬明已经把自己的小说《小时代》拍成了电影，第一部的票房便直奔5亿……

任务三　创新创业资源整合

任务导入

张大勇性格开朗、待人热情、头脑灵活、善于社交，有一定的管理能力。他既酷爱电脑又做着电脑的生意，兜里也有一些积蓄，而且又结识了众多的电脑爱好者。由于当今网络已成为年轻人生活的一部分，张大勇就瞄准了一个挣钱的机会——开一家网吧。但是，自己的积蓄不够。经过仔细分析和市场调研后，在一个交通便利又比较热闹的地段，张大勇和几个朋友一起开了一家规模较大的网吧。一年后，张大勇不仅收回了本钱，自己又开了一家分店。

【启示】张大勇的成功归功于他对自己有清醒的认识，对市场需求有充分的了解，同时借助于和朋友合作，既解决了资金问题，又壮大了个人的实力，将自己的优势有效地与外部条件结合起来，成为一个成功的创业者。张大勇不仅有"勇"，而且还有"谋"——资源整合的意识。

对于每一个创业者而言，永远要面对的困难就是资源的匮乏。要发挥资源的最大使用价值，为企业带来利润，创业者需要运用科学的方法对各类资源进行整合并合理利用。

一、创新创业资源整合的原则

第一，识别创业项目的相关者及其需求。创业团队的构建需要吸纳多方面的人才，识别与创业项目相关者的需求有助于实现团队成员的优化配置。

第二，构建与资源提供方的共赢机制。创业者是资源的使用方，要有效利用资源，就必须了解资源提供方的切实需求，让资源为创业企业服务的同时为资源提供方带来更多的效益。

第三，建立信任，长期合作。诚信是企业生存的根本，只有建立起信任机制，维持长期合作的状态，才能让资源效用最大化。

二、 创新创业资源整合的步骤

创新创业资源的整合是一个复杂的过程，是创业企业对不同来源、不同层次、不同结构、不同内容的资源进行选择、汲取、配置、激活和有机融合的过程，以使之具有更强的柔性、条理性、系统性和价值性，并对原有的资源体系进行重构，摒弃无价值的资源，以形成新的核心资源体系。创新创业资源的整合过程可以分为资源扫描、资源控制、资源利用和资源拓展四个步骤。

（一）资源扫描

创业者要知道自己的资源禀赋及企业所拥有的最初资源。将已有资源识别出来，包括己方所有有价值的有形资产和无形资产，如人才、技术、设备、品牌等，找到自己的资源优势和不足。同时认清哪些属于战略性资源，哪些属于一般性资源，还要确定资源的数量、质量、使用时间及使用顺序。

扫描自身已有资源的同时，也要对外部环境进行扫描，及时发现创业企业所需的资源，确定自己所缺的资源可以从哪些渠道获得以及谁拥有这些重要资源，并对各种资源渠道的获得难易程度进行排序。进而寻找利益交集，对资源所有者的利益需求进行深度分析，并与自己所拥有的资源进行比较，找到利益的契合点。这通常需要创业者具有行业知识和一定的社会关系网络。创业者在初始创业阶段会利用与自己关系较近的资源网络，随着业务的向前发展而逐渐扩充这一网络。

（二）资源控制

资源控制的范围包括创业者自身拥有的资源、通过交易等形式可获得的资源，以及通过社会网络等形式可以控制的资源。在许多情况下，创业者自身拥有的资源(如教育、经验、声誉、行业知识、资金和社会网络等)存在于创业团队中。在特定的行业，创业团队成员的社会网络资源和技术对于企业的成功至关重要。在获取资源的过程中，需要判断这种资源对实现企业的目标是否关键，并且创造性地设计出双赢的合作方案，形成长期互利关系。

（三）资源利用

在获取和控制大量资源的基础上，创业企业开始对这些资源进行配置和利用，将它们合理有效地配置到最能发挥其价值的地方去。企业资源未整合之前大多是零碎的、低效的，如果要发挥这些资源的最大使用价值、产生最佳效益，就必须运用科学方法对各种类型的资源进行细化、配置和激活，将有价值的资源有机地融合起来，使它们相互匹配、互为补充、互相增强。

在配置资源之后，新的资源或者说竞争优势就会形成，企业必须利用区别于其他企业的这种优势来赢得市场。资源在整合并转化为企业内部的独特优势之后，创业者需要协调各种资源之间的关系，匹配有用的资源，剥离无用的资源。通过协调使资源的联系更加紧密、更加具有匹配性，形成“1＋1＞2”的局面，并为下一步拓展奠定基础。

（四）资源拓展

资源拓展即将以前没有建立起联系的资源建立联系，将新获取的资源与已有的资源进行联结融合，进一步开发潜在的资源为企业所用。这也是企业持续竞争优势的根本来源。开拓创造过程能为创业企业带来新的能力，从而使其能够更充分地发现和掌握创业机会。

互动空间

1. 你自己身边有哪些闲置资源？你将如何创造性地使用它们，使之“变废为宝”？

2. 你身边有哪些创业的平台资源可供开发利用，实现“借船出海”“以小博大”？

三、 创新创业资源的整合

获取各种资源后，企业需要进行高效的开发，包括创造性地使用和有策略地推进，这样才有可能为企业创造最大价值。但企业是一个有机体，企业和外部环境又在不断动态交换资源。那么，各种资源如何才能发挥协调一致的作用呢？企业又该如何与外部环境合作呢？这就需要企业培育自己的资源整合能力，主要分为两大方面。

（一）内部资源整合：整体大于个体，个体服务整体

企业整合内部资源应遵循“整体大于个体，个体服务整体”的大原则，“整体大于个体”是指企业要整合内部各种资源，实现“1＋1＞2”的正效应。各种资源如何才能充分协调一致，发挥出整体的正效应？这就需要通过管理来实现。创业者通过有效地计划、组织、领导和控制，以人力资源为基础，使员工分工协作、人尽其才，高效利用各种资源，才尽其力、物尽其用，让社会、信息和政策资源都能被企业有效吸收消化，使作为一个有机体的企业有序运转、茁壮成长。“个体服务整体”是指企业的每一个局部的资源配置和利用都要服务于整体的利益，要以是否有利于整体为决策判断的依据，而不能只考虑局部、个体或者小集体的利益。当局部利益和整体利益发生冲突时，企业要优先考虑整体利益，这可能会短暂牺牲一下局部利益，但长期而言，企业整体发展得更好，局部利益也会更好。当企业的一个局部并不能为企业创造价值，甚至产生负面作用时，企业整体需要及时将这样的局部甄别出来，加以改造甚至摒弃。当企业局部能为整体创造价值但不是核心价值时，企业就要判别是否能从企业外部购买以获得这部分价值。这样获得的价值可能更高，而付出的总体成本可能更低，更能使得企业聚焦于发展核心产业。

（二）外部资源整合：合作大于竞争，竞争谋求共赢

企业整合外部资源应遵循“合作大于竞争，竞争谋求共赢”的大原则。“合作大于竞争，竞争谋求共赢”是指企业要想整合外部资源，就要正确处理合作与竞争的关系。外部环境中各种资源的拥有者都可能与企业同时存在着合作与竞争这两种关系，而且这两种关系还存在隐蔽性。例如，客户一般来说是企业的合作者，但客户其实也在和企业就利润进行着竞争，希望以更少的付出获得更好的产品与服务。再例如，渠道商一般来说是企业的合作者，但当渠道商一家独大时，会店大欺客，让企业承担经营风险和现金流的压力，压榨企业。反之，显而易见的竞争者不仅可以有竞争，其实也可以有合作，双方通过打造区域品牌互助共赢。所以，创业企业应转变思维，既要合作又要竞争，总体上合作大于竞争，即要实现双赢，满足共同利益的最大化，不要恶性竞争，不要做损人不利己的事情。

企业所面对的外部环境中，各种资源拥有者都是企业的利益相关者。创业者在整合外部资源时，一定要设计好有助于资源整合的互利共赢的利益分配机制，借助共赢利益机制把潜在的和非直接的资源供给者整合起来，借力发展。

拓展阅读

创业者如何整合资源

创业者能否成功地开发出机会，进而推动创业活动向前发展，通常取决于他们掌握和能整合到的资源，以及对资源的利用能力。许多创业者早期所能获取与利用的资源都相当匮乏，而优秀的创业者在创业过程中所体现出的卓越创业技能之一就是创造性地整合和运用资源，尤其是那种能够创造并持续带来竞争优势的战略资源。

第一步：必须具备的资源。

未来民营企业无论如何发展，都只有三条道路：第一是整合别人、做大做强；第二是被人整合、退休养老；第三则是淘汰倒闭、遗憾终生。企业的核心竞争力主要就是对资源的整合能力，对资源的整合能力越强，核心竞争力越强。因此，企业能否走出狭隘的发展空间、做大做强，与领导者的思维有着不可分割的关系。这就需要领导者必须具备一定的整合能力。

第二步：分析已有资源。

资源整合的前提是要善于发现资源，培养一双善于发现资源的眼睛，及时捕捉到所需的财富资源，就能比竞争对手多走一步。将自己的资源列成一张清单，包括资金、团队、渠道、客户、品牌、专业、人脉等方面，对这些资源进行精确分析，给自己的资源定性。这样，我们才能知道该如何运用资源：一方面，让自己的资源升值，实现资源价值的最大化；另一方面，询问自己需要哪些资源，并为如何获得这些资源制定策略。

第三步：明确目标。

1953年，美国哈佛大学曾对当时的应届毕业生做过一次追踪研究，询问他们是否有对未来有清楚明确的目标和达成目标的书面计划。结果只有不到3%的人作出肯定的答复。20年后，哈佛大学再次访问了当年接受调查的毕业生，结果发现那些有明确目标及计划的学生不论在事业成就上还是幸福程度上都高于其他人，而且这些不到3%的人的财富总和居然大于另外超过97%的人的财富总和，这就是设定目标的力量。

设定目标后，接下来就必须拟订一个执行的计划。一个计划会影响目标是否能如期完成，但你知道如何才能拟定出一个完整且有效的计划吗？答案是你得先知道要达成这个目标的原因。一旦你对目的和原因了然于胸、知道为何去做，自然会找出做的方法和步骤。而且你会自动地产生强大且持续的推动力，努力去完成这个目标。

第四步：还缺少哪些资源类型，了解你所缺少的资源。

在资源整合的过程中，你会发现你所有的资源都掌握在别人的手里。你要从别人那里拿到你想要的资源，就必须配合别人的价值观，给别人所想要的，别人才会给你所想要的。

如何判断你所缺少的资源?

方法一，在微小曲线上找出我们所需要的上下游方面的资源。假如我们是制造企业，那么上游我们需要产品研发、原辅材料等资源，下游我们需要客户、品牌、物流等资源。这些上下游配套资源就是我们想要的资源。

方法二，列出资源表，将资源分门别类，看看需要什么。一个人在知道自己想要的资源以后，整合思维是以对方为中心，研究对方想要什么，然后给对方所想要的，获得对方的信任和认可，对方才会自愿给你所想要的。

归纳起来，知道自己想要的资源，了解别人想要的资源，给别人所想要的资源，别人就会给你所想要的资源，这就是整合思维。

第五步：缺少的资源在谁手里。

资源短缺是每个企业都会面临的问题。在资源整合中，你缺什么并不重要，重要的是你是否知道缺少的资源在谁手里。对于中小企业来说，要解决当前各种资源短缺的困境，就要及时出击，找到自己需要的资源，再对症下药：或强强联手，或引进外来的设备、人才，或向银行贷款，或借助政策支持等。

第六步：如何将缺少的资源整合回来。

如何将别人的资源整合过来？这就涉及一个“舍得”的思维。中国的中小企业经营者往往碍于传统观念，轻“舍”重“得”，导致企业在遇到困境时故步自封，最后只能以倒闭收场。其实，“舍”与“得”就像一个完整的圆圈，只要你愿意为更多人服务，首先奉上自己的资源，别人也能回报给你对等甚至更多的资源。所以，整合的关键是互补，只有资源互补，才可能实现资源的整合，达到共赢的状态。

一旦了解了对方拥有的资源和缺少的资源，就能够有针对性地进行资源整合。但是，如果不与对方建立良好的信任关系，就不能顺利地进一步整合。从这里，我们就可以看到诚信在整合中的重要性。如果你的诚信记录非常良好，必然会大大增加整合的成功率，反之就会大大降低整合的成功率。

第七步：资源整合方式。

学会拼凑。很多创业者都是拼凑高手，通过加入一些新元素，与已有的元素重新组合，形成在资源利用方面的创新行为，进而可能带来意想不到的惊喜。创业者通常利用身边能够找到的一切资源进行创业活动，有些资源对他人来说也许是无用的、废弃的，但创业者可以通过自己独有的经验和技巧加以整合创造。

整合已有的资源，快速应对新情况，是创业的利器之一。拼凑者善于用发现的眼光洞悉身边各种资源的属性，将它们创造性地整合起来。这种整合很多时候甚至不是事前仔细计划好的，而往往是具体情况具体分析、“摸着石头过河”的产物。

第八步：发挥资源杠杆效应。

成功的创业者要善于发挥关键资源的杠杆效应，利用他人或其他企业的资源来完成自己创业的目的。用一种资源补足另一种资源，产生更高的复合价值；或者利用一种资源撬动和获得其他资源。其实，大公司也不是一味地积累资源，他们更擅长资源互换、进行资源结构更新和调整、积累战略性资源，这是创业者需要学习的经验。

对创业者来说，容易产生杠杆效应的资源主要包括人力资本和社会资本等非物质资源。创业者的人力资本由一般人力资本与特殊人力资本构成，一般人力资本包括教育背景、以往的工作经验及个性品质特征等。

项目训练营

训练一

创新创业计划的重要性

5个年轻人组建了一个创业团队，想在大城市的公园里放置大型数字看板，梦想成为户外的分众传媒。他们直接找到投资者，对数字看板的前景和发展、自己团队的优势进行了一番谈论，然而投资者却毫无兴趣。

此时，另外一个团队也对数字看板感兴趣，他们首先进行了一番详细的市场调查，包括：①大城市的公园里目前有多少户外广告？②每个公园的日均人流量是多少？③要放置多大的数字看板？④放置多少个数字看板才能达到最佳的销售数量？然后对数字看板与传统看板的优劣势进行了分析，并以公式计算出数字看板可能提升的收入。

但当他们把构想告诉投资者时，却得到了否定的回答。在投资者看来，数字看板本身是一项技术创新，这项出发点的确是有商机的，但是这项创新对任何人来说都一样，所有的创业者都处于同一个起点，没有明确地表示出这项事业能否成功的关键，即能否取得独占性的资源（成为独家经营的企业），以及最重要的广告销售能力。

与此同时，第三个团队也看中了这个卖点，他们与前一个团队的不同之处在于在创新创业计划中明确地表述了关于传媒销售、广告营销以及吸引广告客户的方法和执行手段，并附上了团队在这方面的优势。

这就帮这个创新创业计划加分很多，并使第三个创业团队有了不同的结果。

思考：一份好的创新创业计划的重要作用有哪些？市场调查包括哪些内容？

训练二

陈天桥创造盛大“传奇”

1999年11月，复旦大学本科毕业没几年的陈天桥自筹50万元资金，成立了上海盛大网络发展有限公司。公司创立伊始，陈天桥凭借着在证券公司和政府机构工作时的人脉资源，很快获得了中华网300万美元的股权投资。但双方很快因经营观念分歧终止合作，陈天桥拿回全部股份，只获得了30万美元的宝贵资金。

2001年7月14日，陈天桥就以这30万美元买到了韩国著名网络游戏《传奇》的中国运营权。但盛大已无资金再支付运营游戏所需的服务器、宽带、销售渠道等相关软硬件设施的开销。自信的陈天桥拿着与韩国公司签订的代理《传奇》的合同，拜访了当时国内两大著名服务器提供商戴尔和浪潮。陈天桥以出众的口才说服了对方，得到了免费试用两家公司服务器两个月的权限。解决了硬件问题，陈天桥又拿着手中的两份免费试用合同找到了中国电信，中国电信也答应为《传奇》提供两个月的免费宽带支持。

最后，关于销售渠道，陈天桥没有这方面的经验。经过多番考察，全球连锁的大型网络游戏公司育碧走进了陈天桥的视野。育碧上海分公司刚刚成立，正“求贤若渴”，迫切想找一家运营网络游戏的公司合作。盛大和育碧于2001年8月签下合作合同，育碧负责《传奇》的市场推广、客户端光盘和充值卡的销售，并从中分成。万事俱备，《传奇》一上市，便供不应求。

陈天桥后来解释说：“游戏、设备、销售都不是盛大的，盛大只不过是将各方资源整合到一起，形成一种应用，然后卖给玩家。”

思考：本案例中陈天桥是如何整合创新创业资源的？创新创业资源整合的步骤有哪些？

PROJECT7

项目七
创立企业与企业发展

PROJECT 7

认知目标

了解创立企业的流程。

了解企业生存管理应注意的问题。

了解企业的发展周期。

素养目标

了解创立企业应注意的问题。

领会企业生存管理的脉络，掌握关键点。

了解企业发展的决定因素。

掌握财务管理的重点问题。

运用目标

学会选择新创企业的法律形式，能参与编写制定相关的法律文件。

学会制作岗位说明书。

能运用营销组合间的相互作用写一份营销计划。

能运用已学知识分析企业战略部署中的问题。

任务一　创立企业

任务导入

1994 年，蔡达标和好友潘宇海在东莞长安镇开了一间“168 蒸品店”，后来逐渐走向全国连锁，并于 1997 年更名为“双种子”，最终更名为“真功夫”。真功夫的股权结构非常简单，潘宇海占 50%，蔡达标及其妻潘敏峰(潘宇海之姐)各占 25%。2006 年 9 月，蔡达标和潘敏峰协议离婚。潘敏峰放弃了自己的 25%的股权，换得子女的抚养权。这样，潘宇海与蔡达标两人的股权也由此变成了 50∶50。

2007 年，真功夫引入了两家风险投资(VC)基金：内资的中山联动和外资的今日资本，共注入资金 3 亿元，各占 3%的股份。这样，融资之后，真功夫的股权结构变成：蔡、潘各占 47%、VC 各占 3%。董事会共 5 席，构成为蔡达标、潘宇海、潘敏峰以及 VC 的派出董事各 1 名。引入 VC 之后，公司要谋求上市，打造拥有现代化公司管理和治理结构的企业是当务之急。但蔡达标建立现代企业制度的努力触及另一股东潘宇海的利益。真功夫在蔡达标的主持下，推行“去家族化”的内部管理改革，以职业经理人替代原来的部分家族管理人员，先后有大批老员工离去。公司还先后从麦当劳、肯德基等餐饮企业共引进约 20 名中高层管理人员，占据了公司多数要职，基本上都是由蔡达标授职授权，潘宇海显然已经被架空。双方矛盾激化。

2011 年 4 月 22 日，广州市公安机关证实蔡达标等人涉嫌挪用资金、职务侵占等犯罪行为，并对蔡达标等 4 名嫌疑人执行逮捕。蔡、潘双方对真功夫的混乱争夺让今日资本顶不住股东压力而选择退出。2012 年 11 月 30 日，今日资本将旗下今日资本投资(香港)有限公司所持有的真功夫的 3%股权悉数转让给润海有限公司。至此，真功夫股权重回蔡、潘两家对开的局面。三年之后，真功夫原总裁蔡达标一案尘埃落定。根据广州中院二审判决，蔡达标构成职务侵占罪和挪用资金罪，被判 14 年刑期。随着蔡达标刑事案件终审判决生效，蔡达标所持有的 41.74%真功夫股权已进入司法拍卖程序。

【启示】在这个案例中，真功夫的创始人潘宇海、蔡达标就是因为没有建立科学

的股权结构模式、没有完善公司内部的法律体系、没有建立良好的公司内部控制制度和流程等，才导致企业最终走向败局。

本·霍洛维茨曾说过“创业是要完成比难更难的事”，因此创业者需要善于借鉴，从创业先锋的成功与失败中总结经验，脚踏实地、认真细致地走好每一步，才能使创业立于不败之地。

扫描二维码
观看微课

一、 企业的概念

企业一般是指以营利为目的，运用各种生产要素(土地、劳动力、资本、技术和企业家才能等)，向市场提供商品或服务，实行自主经营、自负盈亏、独立核算的法人或其他社会经济组织。

在商品经济范畴内，企业作为组织单元的多种模式之一，是按照一定的组织规律有机构成的经济实体，一般以营利为目的，以实现投资人、客户、员工、社会大众的利益最大化为使命，通过提供产品或服务换取收入。它是社会发展的产物，因社会分工的发展而成长壮大。企业是市场经济活动的主要参与者。在社会主义市场经济体制下，各种企业并存，共同构成社会主义市场经济的微观基础。企业存在三类基本组织形式：个人独资企业、合伙企业、公司制企业。公司制企业是现代企业最主要、最典型的组织形式。

现代经济学理论认为，企业本质上是“一种资源配置的机制”，其能够实现整个社会经济资源的优化配置，降低整个社会的“交易成本”。

要创立企业，首先要了解创立企业的流程，对企业的各项文件有一个初步了解，才能付诸实施。

扫描二维码
观看微课

二、 创立企业的流程

办理企业名称核准→确定公司地址→制定公司章程(可以在市场监管局网站下载“公司章程”的样本。章程最后由所有股东签名，并注明日期)→刻私章(刻法人代表和其他股东的私章)→办理验资(凭会计师事务所出具的“银行询征函”选择银行开立公司验资户)→办理验资报告(银行出具的股东缴款单、银行盖章后的询征函由银行寄至会计师事务所，公司章程、名称预先核准通知书、房租合同、房产证复印件送到会计师事务所办理验资报告)→报送市场监管登记机关要求的企业登记表格→刻章(凭营业执照到公安局指定的刻章社刻公章、合同章、财务章，后面的步骤中均需要用到公章或财务章)→办理企业组织机构代码证(在企业法人代码登记办事机构——市场监管局窗口办理)→办理税务登记证书→办理社保。

扫描二维码
观看微课

三、 创立企业应注意的问题

(一)企业的法律形式

目前我国企业的法律形式主要有三种：个人独资企业、合伙企业和公司制企业。创立企业必须选择合理的法律形式，因为它会直接影响到企业所有者的所有权、决策与控制、债务责任和利润分配。

三种企业法律形式的比较

比较项目	个人独资企业	合伙企业	公司制企业	
			有限责任公司	股份有限公司
投资者数及权力	个人 (个人决定)	2人或2人以上(全体合伙人决定)	2～50人(股东大会决定)	5人以上发起(股东大会决定)
注册成本	投资人申报(只有注册费)	合伙协议约定好(注册费较少)	10万元起(公司章程，注册费和税)	1000万元起(公司章程，注册费和税)
法律责任	个人承担	按合伙协议对企业承担无限连带责任	按公司章程，公司以公司资产为限对外承担责任，股东以其出资为限承担责任	按公司章程，公司以公司资产为限对外承担责任，股东以其所持股份为限承担责任
利润分配	投资者个人	按合伙协议分配	投资比例	投资比例
决策与控制	自主决策	合伙人共同决策	管理集中化，所有权与经营权分离，依靠治理结构控制，公司机关、一般股东无权代表	管理集中化，所有权与经营权分离，依靠治理结构控制，公司机关、一般股东无权代表

续表

比较项目	个人独资企业	合伙企业	公司制企业	
			有限责任公司	股份有限公司
权益的可转让性	自由变卖或转让	只有在其他合伙人都同意时才能转让	其他股东享有优先受让权，如不购买视为同意转让	不作限制
解散程序	注销	注销	注销并公告	注销并公告
法律依据	个人独资企业法(自2000年1月1日起施行)	合伙企业法(自1997年8月1日起施行)	公司法(自1994年7月1日起施行)	公司法(自1994年7月1日起施行)

通过比较，我们才能在企业建立的过程中根据企业的实际情况审慎选择法律形式。一旦确定，一定要更详尽地了解法律形式带来的相关法律问题和规避法律风险需要签订的相关文件，尤其在公司设立协议、公司章程、合伙协议等方面要重视。

（二）企业相关文件的编写

创立企业除了要了解流程外，还需要在出资人或合伙人之间签订规范的企业相关文件，以便详尽地确定各方权利、义务，有效规避法律风险。

1. **合伙协议**

合伙企业是由合伙人直接参与经营管理的，所以合伙协议对合伙企业来说具有设立协议和章程的双重作用。制定过程应由合伙人共同协商，明确各合伙人的权利、义务。在制定过程中应注意以下问题。

①合伙企业的名称和主要经营场所的地点。

②合伙目的、经营范围。

③为避免出现隐名合伙人，合伙人的姓名和家庭住址必须真实有效。

④合伙人的出资方式、数额和缴费期限。

⑤合伙人对企业重大事项的决策形成程序、权限、表决方式(如发生争议、入伙、退伙等)。

⑥利润分配、亏损分担方式。

⑦合伙事务的执行力度。

⑧合伙企业的解散与清算。

⑨违约责任。

协议订立后必须合伙人本人签名、盖章才能生效，生效后必须按照协议履行义务并享有权利，如需修改或补充，必须经全体合伙人一致同意。涉及合伙协议未约定或约定不明确的事项，由合伙人共同协商决定。协商不成，依照合伙企业法和其他有关法律、行政法规的规定处理(合伙协议另有约定的除外)。

2. **公司章程**

章程是公司最重要的自治规则，在维护公司、股东、债权人利益方面起着重要作用。因公司制企业有两种法律形式，在制定章程的过程中也要有所区分。

(1)有限责任公司章程的制定

①公司名称、地址。

②经营范围。

③注册资本。

④股东姓名或者名称。

⑤股东的出资方式、出资额和出资时间。

⑥公司的机构设置及其产生办法、职权和议事规则。

⑦公司的法定代表人。

⑧股东大会认为需要规定的其他事项。

注意：股东应在公司章程上签名、盖章。

(2)股份有限公司章程的制定

①公司名称、地址。

②经营范围。

③公司设立方式。

④公司股份总数、每股金额和注册资本。

⑤发起人姓名或者名称、认购的股份数、出资方式和出资时间。

⑥董事会的组成、职权和议事规则。

⑦公司的法定代表人。

⑧监事会的组成、职权和议事规则。

⑨公司利润分配办法。

⑩公司的解散事由与清算办法。

⑪公司的通知和公告办法。

⑫股东大会认为需要规定的其他事项。

3. **发起人协议**

发起人协议是指股份有限公司发起人就拟设立公司的主要事宜达成的协议。股份有限公司发起人应当签订发起人协议，明确各自在公司设立过程中的权利、义务。

发起人协议应包含以下内容：公司经营项目、范围、宗旨和生产规模；公司注册资本、各方出资、出资方式；公司组织结构和经营管理；公司名称、地址。

互动空间

请分组并围绕“企业的法律形式”展开讨论，思考并回答问题，做实践练习。

1. 比较个人独资企业、合伙企业和公司制企业的优缺点。

2. 下载一份合伙协议或公司章程，评价其内容构成，并根据自身兴趣拟写一份协议或章程。

四、 掌握与创立企业相关的法律

法律是规范企业活动的准绳，知法懂法可以使创业者保护自己的合法权益不受侵害。所以，在创业初始阶段，创业者首先要掌握与创立创业相关的法律，主要包括知识产权法、劳动法、合同法、反不正当竞争法、产品质量法等。

（一）知识产权法

知识产权是自然人或法人对自然人通过智力劳动所创造的智力成果依法确认并享有的权利。它是一种财产权，受国家法律保护，任何人不得侵犯。它像有形财产一样可以进行买卖、赠予和使用，具有使用价值和价值。知识产权包括商标、专利、著作权、商业秘密和特许经营权等，是创业者的重要资产，对于高科技企业来说，是核心竞争力和生命所在。所以，新创企业要及时申请商标、专利、著作权等。

（二）劳动法

劳动法是为了完善劳动合同制定，明确劳动合同双方当事人的权利和义务，保护劳动者的合法权益，构建和发展和谐稳定的劳动关系而制定的法律。依法规范新创企业与员工之间的劳动关系，对于调动员工积极性、确保创业成功具有重要意义。

（三）合同法

合同法是调整平等主体之间商品交换的法律规范的总称，调整合同的订立、效力、履行、变更、解除、终止、违约责任等关系。创业的本质是要创造财富，而财富是通过交易实现的，所以任何创业者要想顺利地完成每一笔交易及将成本降到最低限度，就必须熟悉、理解、掌握交易规则，也就是合同法。

（四）反不正当竞争法

创立企业的过程中会遇到形形色色的竞争对手，其中一些对手有可能为达目的不惜代价，所以为了维护自身的正当权利，创业者应该能用各种法律武器来保护自己，而反不正当竞争法是其中最重要的一种。

（五）产品质量法

产品质量法是调整在生产、流通及监督管理过程中因产品质量而发生的各种经济关系的法律规范的总称，其立法的主要目的是：加强对产品质量的监督管理，提高产品质量水平，明确产品质量责任，保护消费者的合法权益，维护社会经济秩序。同时，产品质量也是关系到新创企业能否走得更高、更远的关键问题。

拓展阅读

成功创业秘诀

本金准备：降低成本。不论在哪个行业创业，都离不开本金，降低成本能降低创业失败的风险。

个人准备：学习相关行业知识。都说“打铁还需自身硬”，创业也是这样，你拥有的相关专业的知识过硬，你才能立足于这个行业。

行业分析：市场和前景。要仔细分析你想做的那个行业的市场竞争和发展前景。

客户管理：不论你做什么行业，有客户你才能赚钱。因此客户的体验要做好，要从客户的角度出发思考问题。

诚实守信：信用建设。信用的建设就是赢得客户的信任、合作伙伴的信任和合伙人的信任，这是创业成功的必备条件。

做好规划：目标和方向。不论什么行业，只有有了明确的目标和方向，公司才能快速发展。心往一处想，劲往一处使。

公共关系：危机意识。在创业的过程中，肯定会遇到各种困难和阻挠，因此要有危机意识，提前做好应对困难的准备。

坚持不懈：坚持中学会变通。坚持不是一味地走走不通的路，创业是一个慢慢探路的过程，你可以自己修一条路，要学会变通。

任务二　企业生存管理

任务导入

1996 年，T2 在墨尔本开了第一家门店。这么多年来，T2 从来不打广告，靠着口碑和顾客的忠诚度，至今它在全球已经开了 60 多家连锁店。

T2 到底有什么绝招把茶叶卖得这么好呢？做好年轻人的生意，就是最大的生意。不知你们发现一个现象没有，身边很少有年轻人爱喝茶。很多年轻人觉得喝茶要讲究很多的门道，怎么选茶、怎么沏茶、用什么茶具……喝个茶真是麻烦。叫他们去泡杯茶来喝，可能他们宁愿去喝杯白开水。

T2 的两位创始人正是看到了这个发展潜力极大的市场，想让更多的年轻人爱上茶。T2 并不想卖超市卖的那种便宜的茶包。他们找好了定位：以中高档茶叶为主，致力于为顾客提供品质较高的茶叶。为此他们跑遍了全世界。产品打造好了，T2 又在店面设计与产品包装上下了功夫。他们打破茶叶店一贯光亮、精致、优雅的风格，而是走浓浓的工业风。货架、墙面、地面、天花板全是黑色，并将所使用的原材料和框架结构暴露在外，呈现出最本真的状态。由于包装设计风格独特，使得顾客沉浸在世界茶文化的海洋中。

在销售上，T2 设有免费体验区，不仅给了视觉上的震撼，还给了味觉上的享受。顾客可以根据自己的喜好自行拼配，进来之后可以随意地拿起样品闻一闻。还有专门的工作人员在这里为顾客泡茶、讲解茶的知识。顾客也可以自己动手做。除了茶叶，茶具也是 T2 的一个特色，琳琅满目，中西式都有。喝茶还可以配点心，T2 精心引入了各色茶点：英式甜品、日式果子等，同时推出了可以配饼干的果酱和蜂蜜。

【启示】T2 的成功之处在于，创始人玛丽安在坚持传统的基础上融入创新的血液，打破了人们对茶文化所设下的各种规矩，加入了许多具备感染力的流行文化，提供了更多选择的机会，从新鲜的视角看待喝茶这件事。

希望 T2 的成功案例能给我们中国茶文化的发展与创新带来更多的思考与启发。

当创业企业完成了所有的登记注册手续后，就要开始进行生产活动了。如何让企业生存下来并通过管理出效益是创业者面临的重要问题，本节主要从人力资源管理、营销管理、财务管理、风险管理与防范方面进行介绍。

一、 人力资源管理

一个企业要生存发展，离不开出色的领导者、严密的组织结构和优秀的员工，而优秀的员工则需要企业优质的管理来培养，下面我们从企业的领导者、企业的组织结构和员工招聘管理方面来进行介绍。

（一）企业的领导者

企业的领导者是一名出色的指挥官，因为他必须具备以下能力：①项目的策划能力和组织能力；②管理和控制能力；③良好的沟通能力；④善于抓住有利时机，能处理突发性危机。同时做事要精明果敢，能量才用人，扬其所长，避其所短，最大限度地发挥主观能动性，做到统筹兼顾、合理安排、指挥调度得当，并能得到企业员工的肯定和尊重。

（二）企业的组织结构

任何一个企业的运作、发展都离不开所有员工的有效配合，所以在设置基本的组织结构过程中一定要做到落实责任、权责分明、分工适当、能适时联动并且利益分配清楚。这样既能避免出错或者失误后互推责任，又不会出现因利益、股权等问题造成的合伙人之间或员工之间的矛盾，防止创业失败。

（三）员工招聘管理

新企业员工的招聘管理可以从以下几方面进行。

第一，制作岗位说明书。

第二，招聘合适的员工。

第三，建立完备的管理制度。

第四，给员工提供与其工作相适应的工资和奖金。

第五，制定有效的激励机制，让员工能尽快融入企业和团队之中，使他们对企业和团队有归属感。

第六，尽可能地让员工工作稳定，给他们提供培训和学习机会，为他们在企业中升职和发展提供机会。

第七，正确面对问题员工，积极应对各种问题，切忌简单草率。

如果经验不足，可以考虑从一些企业、公益组织、中介、教育机构或政府部门那里寻找企业顾问，以便获取帮助、信息、咨询意见和培训。为谨慎起见，在聘请企业顾问之前，一定要详细了解其资历背景，以免上当受骗。

相关链接

岗位说明书编制原则

招聘岗位的发布，离不开一份完整的岗位说明书，其包含岗位描述和任职资格两部分。好的岗位说明书应该是职责清晰、要求明确的，这不仅对招聘工作有指导意义，对薪酬、绩效、人员任用及配置等方面也意义重大。岗位说明书的编制是人力资源工作的核心和基础。

一、岗位说明书编制责任者

一般情况下，岗位说明书的编制要求人力资源主管或专家与对应岗位上级人员共同完成，并经上级人员的上级批准生效。

二、岗位说明书包含内容

岗位说明书重点有两大方面的内容，即岗位描述和任职资格，详细内容则可分为岗位基本信息、岗位设置目的、岗位关系图、岗位职责、工作衔接关系、岗位权限、工作要求、任职资格、工作环境及所使用设备等。

要全面叙述这些内容，可归结为对8个因素(6W1H1Q)的认识与理解：责任人(Who)、做什么(What)、为谁做(Whom)、何时(When)、何地(Where)、为何做(Why)、如何做(How)、具备何种资格(Qualifications)。

对这8个因素的答案的获得，需要通过工作分析来达成。所以，岗位说明书编制的重点工作是做好工作分析。

三、岗位说明书的编制

1. 准备阶段

重点要做好岗位说明书编制的前期宣传、培训工作，使得员工明白岗位说明书的重要性，进而促进员工参与该项工作，做好配合。与此同时，要对各部门管理人员尤其是负责人进行相关知识和方法的培训，以促进后续工作取得实效。在此阶段，还要讨论形成统一的岗位说明书编制工具库，主要是对相关行为等的标准描述以及其他规范性内容。

2. 信息收集阶段

岗位说明书编制的关键是进行工作分析，这也是信息收集阶段的主要工作。工作分析常用的方法有 3 种：观察法、问卷调查法、访谈法。

我们采取的是访谈法，首先安排各部门针对各岗位实际情况填写好表格，然后再针对岗位描述和任职资格对各部门负责人进行访谈，就岗位说明书所需信息达成一致。

3. 整理汇编阶段

信息收集以后，由人力资源主管针对岗位说明书编制工具库中的相关专业术语，对岗位说明书的规范性进行统一，并结合实际工作情况形成岗位说明书。

四、注意事项

第一，要做好岗位说明书编制的引导工作。做好宣传，促使全员尤其是管理层认识该项工作的重要性，以便编制工作顺利开展，也为了岗位说明书在实际工作中的应用能够落实，而非使其变成摆设。

第二，针对岗位进行编制。岗位说明书编制应该是针对岗位进行分析的，过程中可以参考该岗位表现突出的员工所应具备的素质，但总体而言是对岗不对人的。

第三，要充分减少灰色地带。岗位说明书编制要充分沟通，确保组织的各项工作都落实到每个岗位上，尽量减少一些职责不明的灰色地带。

第四，岗位说明书表述要规范。岗位说明书体现的是规范，其表述要统一，如设置哪几种权限、哪几种劳动强度等，都要统一。

第五，岗位说明书要定期更新。企业是不断发展的，内外部情况也在不断变化，岗位说明书要结合组织实际架构、工作分工调整等因素适时进行更新。

二、 营销管理

营销管理就是为了实现企业目标，创造、建立和保持与目标市场之间的互利交换和关系，而对企业市场营销活动进行分析、计划、执行和控制的过程，是联系企业产、供、销的桥梁，关系着企业长期的生存与发展。

如何把自己的创意、创业计划或产品与服务营销出去，是企业生存管理能否成功的关键问题。为了使营销的效果达到最佳，企业必须进行有效的市场分析，这样才能精准地选择目标市场。在营销管理的过程中首先要进行市场定位，这里我们就介绍一下市场定位的依据和策略。

（一）市场定位

1. 市场定位的依据

第一，产品特点：是产品所具有的特别或特殊之处，简单地说就是和同类产品不同的地方。构成产品内在特色的许多因素都可以作为市场定位的依据，如所含成分、材料、质量、价格等。

第二，产品用途：是利用产品在使用时表现出的相似性即用途的可替代性来界定产品市场。产品用途调查的目的在于判断产品可能的去向，了解产品的当前用户和潜在用户，计算产品的社会保有率。

第三，客户利益：是客户通过交换实际得到的各种好处及其感知，是客户价值的特定表达，可分为功能利益、体验利益、财务利益和社会心理利益等。产品提供给客户的利益是客户最能切实体验到的，也是定位的依据之一。

第四，客户类型：根据客户对于企业的价值(如市场花费、销售收入、与企业有业务交往的年限等)，对客户进行分类，识别企业的“金牌”客户并与之保持良性接触。很多企业常常试图将其产品指向某一类特定的使用者，以便根据这些客户的看法塑造恰当的形象。

2. 市场定位的策略

常用的定位策略有三种：避强策略、迎头策略、重新定位策略。

第一，避强策略：是一种避开强有力的竞争对手进行定位的策略。优点是有利于在市场中迅速站稳脚跟，在消费者心中尽快树立起一定形象，风险较小，常常被大多数企业采用。

第二，迎头策略：是一种与市场强势者对着干的定位策略，被称为“冒险家的游戏”。要使用这种策略，必须做到知己知彼，不仅要了解目标市场是否能容纳两个或两个以上的竞争对手，还要评估以自身拥有的资源和能力能不能比竞争对手做得更好。与此同时，还要选择恰当的市场进入时机与地点。

第三，重新定位策略：是对那些销量少、市场反应差的产品进行二次定位的策略。重新定位的目的主要是使企业能尽快摆脱困境，寻求重新获得竞争力的手段。

（二）营销实施

企业确立了市场定位后，就要进入新市场开始实施。在这个过程中，必须解决四个基本的问题：产品、价格、促销和分销渠道。这四个问题是相互依存、相互影响的，不能孤立地考虑某一因素，只有四个变数优化组合，才能创造出最佳的市场营销效果。所以我们把这个组合称为营销组合。

1. 产品

产品是能够满足消费者需求和欲望的东西。它不仅指有形的商品和无形的服务，还包括经验、信息、创意等能为消费者带来效用的事物。它一般包括五个层次：核心层、一般层、期望层、附加层和潜在层。

核心层是最基本的层次，即是为了干什么，也就是顾客购买产品所追求的基本效用和利益。如我们去餐馆吃饭是为了填饱肚子。

一般层是指企业必须将目标顾客的核心利益转变为一般商品。如餐馆的每一道菜就变为商品。

期望层就是顾客购买产品时默认的一组属性和利益。如饭菜是不是好吃、餐馆的环境如何等。

附加层就是增加的服务和利益。如带小孩的顾客可能就会考虑是否能提供免费零食或饮品等，它能把企业的提供物与竞争者区别开来。

潜在层指的是对企业或者销售商销售的东西有需求又具有购买力的人。

了解了产品及产品的层次后，企业在销售产品时要区分核心产品和有形产品给顾客带来的消费需求和欲望，并及时与顾客和企业做好沟通和反馈，这样才能使产品稳健地走入市场。

2. 价格

价格是企业争夺市场的重要武器，是影响产品销售的关键性因素。企业要善于根据产品成本、市场状况、产品特点、消费者心理和营销组合等因素进行正确定价。

3. 促销

促销实际上是一种沟通活动，即企业向消费者传递有关产品的各种信息，最终目的是说服消费者购买产品，以达到扩大消售量的目的。企业进行促销常用的活动有：广告、销售促进(如优惠券、赠品、现金返还等)和公共关系(企业与消费者、政府、内部员工、其他企业、社区、新闻媒体等之间的关系)。

4. **分销渠道**

分销渠道是指产品从生产者那里转移到消费者手里所经的通道，即促使产品或服务顺利地被使用或消费的整套相互依存的组织。

分销渠道是一个由不同企业或人员构成的整体，对其的研究应联系相关联产品；企业的分销渠道要相对固定化，因为涉及构成渠道的机构与人员情况。

在选择分销渠道时，企业首先要决策是采取直接销售还是通过中间商将产品销售给消费者，这主要取决于目标市场愿意用哪种方式购买产品。创业者可以根据企业发展的需要以及所掌控的资源情况来决策分销渠道。

互动空间

请分组并围绕任务二的任务导入案例和已学营销知识展开讨论，思考并回答问题，做实践练习。

1. T2 的营销理念体现在哪几方面？对你有什么启示？

2. 运用营销组合间的相互作用，写一份营销计划。

三、 财务管理

资金是企业运转和发展的原动力，财务管理的对象就是企业的资金及其运转过程。创业企业一般资金紧张，许多企业会因陷入财务危机而申请破产。因此财务管理对于企业的生存和发展起着关键作用，必须任用或聘请专业的财务管理人员。同时，企业领导者必须懂得基本的财务知识。

(一)财务管理的内容和环节

1. **财务管理的内容**

(1)筹资管理

筹资管理是指企业为了满足投资的需要，筹措和集中所需要的资金的过程。一般有两种渠道：一种是债务资金，如银行贷款利用商业信用发行商业票据、融资租赁等；另一种是自有资金，如吸收的投资、发行的股票、留存的收益等。

(2)流动资产管理

流动资产包括现金、短期投资、应收票据、应收账款、预付账款、存货、待摊费用、待处理流动资产损益、一年内到期的长期投资等，其管理的主要目的是解决企业运营日常使用的资金，使其能合理配置资源，周转灵活，减少流动资产占有数量，达到少花钱、多办事、办好事的目的，提高资金的使用效益。

(3)投资管理

投资管理是企业将筹措的资金投入使用的过程。企业要在创业初期做好投资分析和决策。

(4)利润分配

利润分配是企业对收入和利润进行分配的过程，主要有两个去向：流出(如支付给股东和债权投资者利息)和留用(如留在企业用于企业的发展壮大，包括盈余公积金和未分配利润等)。由于在分配过程中会影响投资者的信心和企业的发展，企业领导者和财务管理人员要进行有效沟通，权衡利弊，尽量达到两个去向之间的动态平衡。

2. 财务管理的环节

企业为了生存、发展和获利，要从预测、决策、预算、控制、财务分析等环节入手来把控资金，只有这样才能让资金体现出最大的经济价值。

预测是财务管理的基础。它是指根据历史资料，考虑现实的经济技术等条件后，对企业未来时期的财务收支活动进行全面的分析，并做出各种不同预计和推断的过程。

决策是指在预测的基础上，对不同方案的财务数据进行分析比较，经过全面权衡后从中选择最优方案的过程，是财务管理的核心。

预算是指以决策结果为依据，对企业生产经营活动的各个方面进行规划的过程。它是组织和控制财务活动的依据。

控制是保证财务活动符合既定目标、取得最佳经济效益的有效途径，包括财务监督、检查和成本费用控制等。

财务分析是指以会计信息和预算为依据，对一定期间的财务活动过程及其结果进行分析和评价的过程。

（二）财务管理的重点问题

1. 加强现金的预算与控制

企业财务管理首先要关注的就是现有的流动资金，而不是产生的利润。现有的流动资金是企业运转的命脉，其预算与控制是财务控制的关键点。新企业要根据以收定支的原则，采用零基预算的编制方法，按收付实现制来反映现金流入、流出，经过企业反复汇总、平衡，最终形成年度现金流量预算，进而制定分时段的动态现金流量预算，对日常现金流量进行动态控制。

2. 仔细权衡投资的回报与付出

在企业销售良好和资金充裕的情况下，财务管理更不能松懈。在新增投资的回报率、回收期以及由新增投资所带来的对企业现有能力的挑战和管理等问题上，更应客观评价新增投资的发展前景及对现有业务的发展价值。不能因盲目求发展而使经营分散化，削弱企业原有的核心业务能力。

3. 充分利用产业平台

现代社会科技飞速发展，在市场经济的大环境下出现了各种产业园、孵化器等产业平台。新企业一定要争取政府基金和相关政策的支持，因为这是一种成本相对较低的缓解现金流短缺的方法。

4. 增收节支，开源节流

节流不是简单地减少支出，而是通过费用支出结构分析、支出的必要性和经济性分析，采取措施来改善费用支出的使用效果。在新企业研发和销售费用上加强管理、控制，是增收节支的关键，但要注意两个问题：第一，要避免因为短期成功而简单复制到未来的营销策划上；第二，要避免病急乱投医，在企业遇到困难时自乱阵脚。

5. 财务风险控制

(1)举债经营风险

对新企业来说，需要大量的运营资本来应付快速增长的应付账款和存货，举债经营成为企业发展的途径之一。有效利用债务可以提高企业的收益，但会对企业自有资金的赢利能力造成影响。由于负债要支付利息，债务人对企业的资产有优先权力，万一企业经营不善，或有其他不利因素，则企业资不抵债、破产倒闭的风险就会加大。因此，新企业必须正确、客观地评估财务风险，采取稳步发展的财务策略。

(2)应收账款风险

应收账款是一个重要的财务控制点，是指尚未收回的货款或者所提供服务应得的款项。许多大企业认为可以延迟支付小企业或新企业的欠款，因为小企业或新企业几乎没有还价议价的能力。另外，许多新企业为了发展，经常通过给那些风险更大、在别处贷不到款的客户更高的个人信誉来获得业务，这种隐患极大的做法往往使新企业破产。新企业要控制好应收账款，首先一定要客观地评价客户的资信程度，其次要建立合理的信用标准，最后对所发生的应收账款和客户要强化管理，制订催款计划，定期向赊销客户寄送账单和催缴欠款通知书或者拨打催款电话，同时要对有经常性业务往来的赊销客户进行单独管理。

四、 风险管理与防范

创业企业在成长过程中面临着多种风险，如果创业者能主动地认识风险、积极地管理风险、有效地控制风险，把风险可能造成的损失减到最小，就能保证企业的生存和健康成长。

（一）创业风险

在创业过程中，由于不确定性因素的存在以及创业主体对不确定性因素把控能力的不确定性，导致结果与预期目标的偏差。创业者要投入大量的人力、物力和财力，要引入和采用各种新的生产要素与市场资源，要建立新的组织结构、管理体制、业务流程、工作方法，或者对现有的组织结构、管理体制、业务流程、工作方法进行变革。这一过程中必然会遇到各种意想不到的情况和困难，从而有可能使结果偏离创业的预期目标。创业环境的不确定性，创业机会与创业企业的复杂性，创业者、创业团队与创业投资者的能力与实力的有限性，是创业风险的根本来源。因此，创业者要认真分析创业过程中可能会遇到的风险，提高识别能力和防范意识，一旦这些风险出现，要懂得如何应对和化解。

（二）创业风险分析

1. 技术风险

技术风险指在企业产品创新的过程中，因技术因素导致创新失败的可能性。如新技术或新产品的研发能否成功？发展前景面临什么样的问题？能不能成功生产出来？能否达到消费者的需求？有没有副作用？还有技术的寿命、替代的时间等。这些都是可能存在的技术风险。

2. **财务风险**

财务风险指企业由于负债筹资而产生的用现金偿还到期债务的不确定性引起的投资收益下降或破产的风险。财务风险贯穿于企业生产经营的整个过程中，可将其划分为筹资风险、投资风险、资金回收风险和收益分配风险等。

3. **管理风险**

管理风险指创业过程中因管理不善而导致创业失败所带来的风险，主要包括管理制度风险(如没有严格的岗位制度，管理松散等)、人力资源管理风险(如团队瓦解风险、重要员工流失风险、人员配置不科学等)、营销管理风险(如新产品的市场定位、营销策略制定和人员管理等出现失误而导致的产品滞销带来的风险)等。

4. **市场营销风险**

市场营销风险指企业在开展市场营销活动过程中，由于出现不利的环境因素而导致市场营销活动受损甚至失败的可能性，一般包括产品风险、定价风险等。企业必须分析市场营销可能出现的风险，并努力加以预防，设置控制措施和方案，最终实现企业的营销目标。

5. **市场风险**

市场风险是指未来市场价格(利率、汇率、股票价格和商品价格)的不确定性对企业实现其既定目标的不利影响，可以分为利率风险、汇率风险、股票价格风险和商品价格风险。这些市场因素可能直接对企业产生影响，也可能通过竞争者、供应商或者消费者间接对企业产生影响。

6. **法律风险**

法律风险是指基于法律规定或合同约定，由于企业外部法律环境发生变化或法律主体的作为及不作为，而对企业产生负面法律责任或后果的可能性。作为市场经济主体的企业，在经营过程中难免遭遇各种风险，其中最重要也是破坏性最大的就是法律风险，一旦爆发，轻则给企业造成重大损失，重则危及企业生存。法律风险管理是一项全新的高端法律服务业务，它与传统的法律顾问不同，不是简单的企业合规性管理。它是通过设置一系列科学的指标体系，运用识别、分析、评估等技术手段，对企业现存的及可能遇到的法律风险进行全面评价诊断，并在此基础上制定企业法律风险管理的整体解决方案，帮助企业建立以法律风险管理为核心的全面的、动态的风险管理体系。

（三）创业风险的管理防范方法

1. 有效识别风险

要想管理风险，首先要识别风险。这就要求企业在风险事件发生之前，运用各种方法对尚未发生的潜在风险以及客观存在的各种风险进行系统归类和全面识别，查出不确定性因素和风险来源、各种风险之间的关系及可能产生的后果，然后确定哪些因素对企业构成威胁、哪些因素可能带来机会，为管理风险做好准备。

2. 善于评估风险

风险评估是在风险识别的基础上对可能发生的某类风险的预计、衡量和估计后果等工作，通过分析预测风险会带来的负面影响，如贷款一旦无法收回会造成多大影响、投资如果失败会造成多大损失等。

3. 积极预防风险

要加强管理，建立健全企业各种规章制度，特别是合同管理、财务管理、技术管理、营销管理、知识产权保护等。在平时的业务交往中要认真签订、审查各类合同，加强对合同履行过程的监督。

4. 妥善处理风险

风险不可避免，但可以转嫁或分散。例如，财产投保可以转嫁投资意外事故的风险；新产品生产失败时，可以将技术卖给有能力生产该产品的企业；风险较大的项目可以先投入少量资金进行生产和市场实验，然后再决定是否大规模投产。

在营销方面，企业要坚持以市场为导向的经营理念，售后服务、市场推广等风险完全可以通过加强管理来克服。可以广纳人才，建设强有力的营销队伍。

在财务管理方面，首先要采用科学的决策方法，高效率投放项目；其次要优化资金配置，实现资金增值(如降低负债资金比重、股票投资比重等)；最后就是要理顺企业内部的各种财务关系，进一步提高风险管理水平。

在法律风险方面，要掌握与企业生存管理息息相关的知识产权法、劳动法、合同法、反不正当竞争法、产品质量法等。聘请专业的法律顾问，严格审查各类合同的主体资格(如是否有营业执照、固定的经营场所、必要的设备、与资质相应的工人、合法的经营方式和范围及能否独立承担民事责任等，最重要的是要防止合同诈骗)，调查对方的清偿能力和信用情况，精心制定合同条款。

在市场风险方面，要使用合同的保值条款、选择计价货币，并能利用衍生金融工具进行保值。与外资企业签订合同时，可以采用外汇期权进行保值。

拓展阅读

博客中国

博客中国是当年号称中国互联网第一人的方兴东创建的，它是 Web 2.0 时代的一面旗帜，曾汇聚了一批优秀的民间思考者，一度号称要把新浪拉下马。

2002 年，方兴东创建博客中国，之后 3 年内网站始终保持每月超过 30% 的增长，全球排名一度飙升到 60 多位，并于 2004 年获得了盛大创始人陈天桥和软银赛富合伙人羊东的 50 万美元天使投资。2005 年 9 月，方兴东又从著名风险投资公司 Granite Global Ventures、Mobius Venture Capital、软银赛富和 Bessemer Venture Partner 那里融资 1000 万美元，并引发了中国 Web 2.0 的投资热潮。随后，博客中国更名为博客网，并宣称要做博客式门户，号称“全球最大中文博客网站”，还提出了“一年超新浪，两年上市”的目标。于是在短短半年的时间内，博客网的员工就从 40 多人扩张至 400 多人，据称 60%～70% 的资金都用在人员工资上。同时博客网还在视频、游戏、购物、社交等众多项目上大把烧钱，千万美元很快就被挥霍殆尽。博客网自此陷入了持续 3 年的剧烈人事动荡，高层几乎整体流失，而方兴东本人的职务也被一个决策小组取代。到 2006 年年底，博客网的员工已经缩减到融资当初的 40 多人。

后续发展：2006 年年底，以新浪为代表的门户网站的博客力量已完全超越了博客网等新兴垂直网站。随后，博客几乎成为任何一个门户网站标准的配置，门户网站轻而易举地复制了方兴东们辛辛苦苦摸索和开辟出来的道路。最后，方兴东回老家义乌折腾电子商务，如今几乎已经从行业里消失。

失败的教训：风险识别能力太差，忽视了管理、财务和市场的多重风险。

任务三　企业发展

任务导入

22岁的付文杰曾是武汉科技大学材冶学院金属材料工程专业本科生。2008年9月入学后，付文杰用200元钱到花卉批发市场批发了50多盆小盆栽，摆地摊半个月，赚了人生的第一桶金——1000元。2009年，付文杰组建团队“俊杰创业者联盟”，召集有创业意向的同学一起打拼，抓住各种机会赚钱，资产很快达到5万元。2009年11月，付文杰因决策活动板房失误，血本无归。不服输的个性让他昂起了头，到汉正街当起了“扁担”，扛100斤的包裹，走100米，挣5元钱，吃尽了苦头。2010年春天，付文杰东山再起，注册成立了时代俊杰商贸有限公司，依靠团队成员的力量，大力开展业务。卖天堂伞、卖男士衬衣，只要能赚钱的，他们都做。经历过失败的他，格外懂得珍惜，知人善任，很快在学校周边赢得了口碑、闯出了名气。良好的社会人脉、诚信经营的品德让他在商业运作中收益颇丰。一次无意中的交谈给他带来了商机，6天时间净赚16万元。2012年2月，商贸公司增资500万元，注册成为时代俊杰股份有限公司，付文杰任董事长。随后，汉阳王家湾2000平方米的枫叶酒店奠基开工，尚山石商贸公司开张运营。现在，付文杰作为时代俊杰股份有限公司的法人代表，拥有尚山石商贸公司、枫叶酒店、元亨酒楼、情雨茶餐厅等5家公司，经营范围包括广告设计与制作、内衣、餐饮、教育培训等多个行业，拥有员工300多人，公司总资产3000多万元，年销售收入8000多万元。

追根溯源，激励付文杰的源头在于他的一个美丽梦想。学金属材料工程的付文杰在专业课上了解到我国钢铁冶炼技术同发达国家的差距后，就立下了一个宏大的志愿：拥有自己的钢铁研究院，提高我国的钢铁冶炼技术。正是这个当时被室友当作笑谈的志愿，成就了付文杰。谈起“中国梦”，付文杰有着自己的打算：拥有一个自己的服装品牌，建成3家三星级以上的地标型酒店；成立钢铁研究院，让国外的汽车公司争相定购自己生产的钢材，要以高于国内的价格出口；希望中国的马路上行驶的小汽车都是中国制造，并且是国人为之骄傲的品牌。

【启示】付文杰的创业之路经历了初创期、成长期，现在正在迈入成熟稳定期，展现了当代大学生的企业家精神和自身所具备的能力。性格决定命运，梦想成就未来，付文杰正是因为他性格中的优良品质才创业成功的，值得我们每一名创业者借鉴和学习。

一、 企业的发展周期

企业的发展周期和人的成长过程有类似之处，每个阶段都各有侧重。任何一个企业的发展周期都要经历四个阶段：第一个是初创期，主要解决生存问题；第二个是成长期，主要解决发展问题；第三个是成熟稳定期，主要解决管理问题，寻求企业的长远发展；第四个是衰退期，要对企业进行全面革新，主要解决企业能否持续发展的问题。

（一）初创期

这是一个企业不断探索、学习和求得生存的阶段，企业的组织和流程还不太正规，经营管理也处于不稳定状态，经常被意想不到的危机所左右。但大家高度团结，创业的核心人物能够对每个人施加影响，因此效率很高。企业面对的主要问题是市场营销和产品的创新。

（二）成长期

这一阶段，企业产品开始为客户所接受，市场份额不断扩大，销售能力增强。企业业务快速发展，由单一产品转向多个产品线。人员大量增加，跨部门的协调越来越多，并越来越复杂和困难。企业面临的主要问题是组织均衡成长和跨部门协同。

（三）成熟稳定期

这一阶段，企业的灵活性和可控性达到平衡，兼有能力与自律，既具有眼光又能自我控制，形式与功能也都达到了平衡。虽然管理制度完善了，但创新创业精神渐渐淡薄，组织和流程日趋僵化，运作开始困难，效率低下。

（四）衰退期

衰退期是企业的发展周期中的最后一个阶段，企业内部越来越缺乏创新机制，冲突不断；人们越来越强调做事方式，拘泥于传统，注重形式而不问所做的内容和原因；各部门把注意力放在内部的地位争夺上，总是会强调是谁造成的问题，而不去解决问题或采取补救措施。但问题也是机会，这也是企业重新崛起、获得新生的机会。企业需要全面进行革新，对长期以来在经营过程中所遵循的分工思想、等级制度、经营体系、官僚体制等进行检查，对不适应的部分进行脱胎换骨式的彻底改造。经过剧烈的业务变革，可以进入持续发展期，实现永续经营的追求，表现出更强的生命力和竞争优势。

二、 企业发展的决定性因素

（一）企业发展的外部因素

企业经营的一切要素都要从外部环境中获取，如人力、材料、能源、资金、技术、信息等，没有这些要素，企业就无法进行生产经营活动。同时，企业的产品也必须通过外部市场进行营销，没有市场，企业的产品就无法得到社会承认，企业也就无法生存和发展。因此，环境能给企业带来机遇，也会造成威胁。企业必须研究环境，主动适应环境，在环境中求得生存和发展。企业外部环境又分为宏观环境和微观环境两个层次。宏观环境因素包括政治环境、经济环境、技术环境、社会文化环境，这些因素对企业及其微观环境的影响力较大，一般都是通过微观环境对企业间接产生影响的。微观环境因素包括市场需求、竞争环境、资源环境等，涉及行业性质、竞争者状况、消费者、供应商、中间商及其他社会利益集团等，这些因素会直接影响企业的生产经营活动。

（二）企业发展的内部因素

企业内部环境是有利于保证企业正常运行并实现企业利润目标的内部条件与内部氛围的总和，它由企业家精神、企业物质基础、企业组织结构、企业文化构成，四者相互联系、相互影响、相互作用，形成一个有机整体。其中，企业家精神是内部环境生发器，企业物质基础和企业组织结构构成企业内部硬环境，企业文化是企业内部软环境。企业内部环境的形成是一个从低级到高级、从简单到复杂的演化过程。企业内部环境管理的目标就是为提高企业竞争力、实现企业利润目标营造一个有利的内部条件与内部氛围。企业内部环境或条件分析的目的在于掌握企业历史和现在的状况，明确企业所具有的优势和劣势。它有助于企业制定有针对性的战略，有效地利用自身资源，发挥企业的优势，同时避免企业的劣势，或采取积极的态度改进企业的劣势。

（三）企业家能力

企业家能力是指企业家解决各种问题的本领，是企业家素质的外在表现，包括经营管理能力、决策能力、创新能力、识人用人能力、应变能力、社交能力、表达能力等。企业家能力是企业家在企业经营管理活动中表现出来的稳定的心理特征，是胜任企业领导的主观条件。企业家能力的水平是企业家的核心素质，是企业成长的关键，也是企业家能否对内外资源进行整合的关键。

三、 企业的发展战略

（一）准确的战略定位是企业发展的前提和基础

战略定位就是让企业的产品、形象、品牌等在预期消费者的头脑中占据有利的位置，是一种有利于企业发展的选择。创业企业由于自身资源有限，不能将业务面扩展得过于宽泛，因此一定要把握好选择什么样的领域参与竞争。只有具备良好的认识和把握好优势，才能发现行业的空白点、绕开竞争激烈的地方、另辟蹊径，才有助于企业健康、稳定发展。

（二）企业的战略资源是战略转化行为的前提条件和物资保证

企业的战略资源是指企业用于战略行动及其计划推行的人力、财力、物力等资源的总和。这其中也包括时间与资讯，它们是无形的，在某种条件下可能会成为影响企业它战略实施的关键性战略资源。企业的战略资源是战略转化行为的前提条件和物资保证，这些战略资源的整合基本上就构成了竞争实力。

（三）培养企业的核心竞争力是企业发展战略的实质核心

企业光有竞争力还不够，只有对企业的行业结构和相对的市场地位认识明确，并对其内部要素进行客观分析和评价，才能确定企业的核心竞争力是什么。企业的核心竞争力才是企业发展最主要的驱动力，是企业在竞争力方面区别于其他企业的标志。它可以来自于企业掌握的核心技术、独占资源，抑或是企业自身的研发能力、营销能力等。因此，制定企业发展战略时，一定要重视核心竞争力的培养，这样才能有助于企业加快发展，不断提高自身的持续竞争能力。

（四）对企业进行整个产业链的整合

整合的本质是对分离状态的现状进行调整、组合和一体化。产业链整合是对产业链进行调整和协同的过程。对产业链整合的分析可以分别从宏观、产业和微观的视角进行。产业链整合是产业链环节中的某个主导企业通过调整、优化相关企业关系使其协同行动，提高整个产业链的运作效能，最终提升企业竞争优势的过程。

（五）重视企业的价值创新

德鲁克认为“创新是企业家所特有的工具，他们借助这个工具把各种变化开拓成为从事不同事业或服务的机会”，对创新的追求是企业不断发展的精神源泉。价值创新是现代企业竞争的一个新理念，它不是单纯提高产品的技术竞争力，而是通过为顾客创造更多的价值来争取顾客，赢得企业的成功。现代企业管理市场竞争手段不断变化，技术固然是一个十分重要的途径，但是向价值领域里扩展是当今企业发展的趋势。

互动空间

请分组并围绕任务三任务导入案例和已学企业发展知识展开讨论，思考回答问题并做实践练习。

1. 请分析案例中企业发展的决定性因素有哪些，为什么？

2. 请下载一份创业案例，并根据已学知识写一份关于企业发展战略的案例分析。

四、 企业发展障碍

（一）无法识人和用人

得人才得天下，失人才失天下，对于企业来说也是如此。在企业的生存与发展过程中，人才起到了关键的作用。企业中人的素质是企业生存和发展的首要条件。而且随着人力资本论的提出，人才争夺已经达到了白热化程度，如果无法识人和用人，将会直接影响企业的长远发展。

（二）目标不明确

目标能力是管理者必备的基本能力。目标的作用在于整合内部资源，引导、激励并约束内部员工共同努力，但会因企业发展的阶段不同而有所区别。所以企业要发展，就必须有明确的战略目标、经营目标、管理目标、质量目标、工作目标等，否则企业员工会因为缺乏目标的激励和引导而缺乏积极性，效率低下。

（三）组织不明确

一个企业首先必须是一个高效的组织。一个高效的组织必须有科学的组织规划、有合理的层级关系、有明确的责任分配、有严格的组织规则和统一的行为规范。在企业中，我们经常看到下属闲、老板忙的乱象，这就是员工的个人行为替代了公司的组织行为，组织没有发挥作用。所以企业要发展，就要有一张完整的、合理的组织结构图，否则会使企业员工在组织中很难找到自己的位置，无法明白自己的关系，也让整个企业犹如一盘散沙。

（四）共识力不足

很多企业都会存在这样一个现象：老板不缺梦想，员工也很努力，可是结果却不尽如人意。导致这种现象的原因很多，其中一个重要原因就是企业缺乏共识力。共识力就是与利益相关者(用户、股东、员工、合作伙伴、竞争对手、政府组织等)形成共识的能力，是利益相关者之间在相互承认彼此意向的基础上，经过反复的沟通与理性的取舍而形成的一种共同的意向。共识力不足就会使创业团队无法形成合力，执行力下降。

（五）计划不明确

计划是管理的首要职能，也是行动的先导，贯穿整个管理的始终。没有计划，员工就像无头苍蝇，干部就会无所事事。计划包括整体计划、部门计划、工作计划及周计划、月计划、项目计划、改善计划等，还包括经营计划、销售计划、生产计划、财务计划、物料计划、人事计划等。可以说，没有计划就没有管理，没有计划也没有总结，而没有总结就没有提升。所以企业要发展，计划应先行。

（六）标准不明确

在企业中做事是基本的形态，公司目标的达成就是依靠每个员工都能把自己的事做好、做到位。想要员工把事做好、做到位，就需要企业制定一套做事的标准，然后按照标准对员工进行反复的培训，干部则按照标准进行检查督导。所以企业要发展，标准必须明确。

（七）制度不明确

制度就是管理的工具，无规矩则难成方圆，没有制度的管理叫“人治”，也是最低级别、最落后的“经验式管理”。在一个良性发展的企业里，基础管理制度应该不少于 30 个，健全制度是管理者的基本职责。但是，很多企业虽然也有属于自己的制度，却都是粗制滥造，有的纯粹照搬别人的，不成体系不说，很多文件根本就无法执行，也很少有人把制度当一回事而认真去执行。所以企业要发展，必须健全管理制度。

（八）责权不明确

因为缺乏科学的组织规划，很多企业没有对各级管理者的责任和权利进行书面的规定，导致很多管理责任无法落实，管理中存在很多灰色地带，很多责任无人承担，很多岗位又无法承担责任或无责任可承担，部门之间、岗位之间推卸责任的问题也就十分常见。我们发现，很多企业干部都不明白自己部门该担负什么样的正确职能，也不知道各个岗位该承担什么样的工作责任。这就导致看起来大家整天忙忙碌碌，实际上都在做无用功，根本没有解决任何问题。这是制约企业发展的关键性问题之一。

（九）奖罚不明确

奖罚是激励员工的基本手段，没有公平公正的奖罚，就不能维持正常的生产经营秩序，就不能建立优势的企业文化，也会让员工看不起管理、看不起企业。久而久之，就会让管理失去威严，就会失去内部平衡，从而让好员工和企业的利益都受到伤害。所以，企业要发展，一定要有有效的激励机制，它能直接影响员工的价值取向和工作观念，激发员工创造财富和献身事业的热情。

（十）流程不明确

制度管人、流程管事，这是管理的基本常识。事情没管好，效率低，或者员工们简单问题天天出，这就一定是流程有漏洞、不规范、不完善所致。好的企业流程可从头至尾由一个职能机构管理，做到机构不重叠、业务不重复，起到缩短流程周期、节约运作资本的作用。所以，流程不明确也是制约企业发展的关键性问题之一。

就像建房子一样，能否建成或是建几层，不在于有多少钱，而在于这所房子的基础(地基、设计图纸、材料的质量、工人的技术、建筑商的信誉等)是否牢固。所以，企业要想平稳发展，必须要做到完善用人机制、建立基础流程、明确基础制度、规范基础管理等，这才是发展之根本。

拓展阅读

企业可持续发展战略主要有：创新可持续发展战略、文化可持续发展战略、制度可持续发展战略、核心竞争力可持续发展战略、要素可持续发展战略。

1. 创新可持续发展战略

所谓创新可持续发展战略，即企业可持续发展的核心是创新。企业的核心问题是有效益，有效益不仅要有体制上的保证，而且必须不断创新。只有不断创新的企业，才能保证其效益的持续性，也即企业的可持续发展。

2. 文化可持续发展战略

所谓文化可持续发展战略，即企业发展的核心是企业文化。面对纷繁变化的内外部环境，企业发展是靠企业文化的主导。

3. 制度可持续发展战略

所谓制度可持续发展战略，是指企业获得可持续发展主要源于企业制度。

4. 核心竞争力可持续发展战略

核心竞争力是指企业区别于其他企业而具有本企业特性的相对竞争能力，核心竞争力可持续发展战略是指企业获得可持续发展主要是培育核心竞争力。

5. 要素可持续发展战略

要素可持续发展战略认为企业发展取决于以下几种要素：人力、知识、信息、技术、领导、资金、营销。

企业制定可持续发展战略，要准确把握好战略定位，并抓好发展主线。

项目训练营

训练一

90后王锐旭的创业故事

1990年1月出生的王锐旭读初中时，经商的父亲破产，原本富足的家庭变得一贫如洗。曾经沉迷网络的王锐旭中考落榜后，被母亲一巴掌打醒，从此专心学习，考上了当地重点高中，随后考入广州中医药大学。创业前，王锐旭从事过很多兼职，他做过保安、举过牌、派过单、摆过地摊。王锐旭认为，现在的大学生创业能否成功，最关键的地方在于对社会和市场的了解，“校园和社会是两个完全不一样的世界，我的每一份兼职都让我接触了各种不同的人，学会了如何与人沟通和交流，也就是我们常说的‘见人说人话，见鬼说鬼话’”。

2012年5月，他凭借自己对校园媒体的认识，和几位志同道合的好友交流创业想法，一拍即合，成立了“魔灯”团队。创业初期筚路蓝缕，他们借助路灯席地而坐，会议常常开到凌晨三四点，有时因讨论热烈，还会遭到保安的驱逐。创业之初资金紧缺，王锐旭便把“魔灯”定位为校园推广团队，从而让项目定金从无到有。白手起家的创业之路艰难启程，成本资金的投入先天不足，便由后天更多的汗水来补足。为了团队的推广，他决定先从团队文化和执行力开始，让团队的“魔灯丝”先进文化风靡广州大学城。经过日夜不懈的努力，团队的运营渐入正轨，为企业提供的活动策划与推广服务越来越专业。当年10月，“魔灯”已经突破了月业绩20万元的目标，服务企业超过300家。“魔灯”也从一开始的2个人发展至81位成员，名副其实地成了广州大学城内最大、最亲民、最专业的推广团队。

2013年6月，出于对互联网的热忱与顺应移动创业的大趋势，他决定转移注意力，全力投入手机应用开发。凭借外力和多方面的资本运作，“九尾科技”应运而生。梦想不是遥不可及的，只要脚踏实地、一步一个脚印地坚持，终会有实现的一天。王锐旭做好了一切准备，等待着伯乐的出现。机缘巧合，当年王锐旭参加了共青团广州市委举办的首届广州青年创意创业大赛，获得了大赛冠军，幸运地获得了一笔风投融资以及团市委专门为广州青年就业创业发展提供的免费服务场地，这给他的梦想起飞奠定了坚实的基础。2014年4月，还是广州中医药大学大四学生的他开发了“兼职猫”App产品，为大学生提供免费、海量、安全、个性化的兼职信息服务，成为一位年轻的90后首席执行官。创业项目“兼职猫”已经两次获得风投，而且是国内首家做兼职平台移动客户端的公司。

现在，王锐旭创办的九尾信息科技有限公司的“兼职猫”专门致力于大学生兼职招聘，该项目已经覆盖全国40多个城市，拥有100多万大学生用户，市场估值已经超过1亿元。问题：

1. 王锐旭的“魔灯”团队是怎样有效起步的？

2. “兼职猫”的市场定位是什么？

训练二

1英镑打败10万英镑

在英国，有位孤独的老人，无儿无女，又体弱多病，他决定搬到养老院去。老人宣布出售他漂亮的住宅，购买者闻讯蜂拥而至。住宅底价8万英镑，但人们很快就将它炒到了10万英镑，价格还在不断攀升。这时，一个衣着朴素的青年来到老人眼前，弯下腰低声说："先生，我也很想买这栋住宅，可我只有1英镑。"青年并不沮丧，继续诚恳地说："如果您把住宅卖给我，我保证会让您依旧生活在这里，和我一起喝茶、读报、散步，让您天天都快快乐乐的——相信我，我会用整颗心来关爱您！"老人颔首微笑，挥手示意人们安静下来："朋友们，这栋住宅的新主人已经产生了。"他拍着青年的肩膀："就是这个小伙子！"

问题：谈谈这个小故事给你的启示。

参考文献

1. 周鹍鹏．大学生创新创业基础[M]. 北京：科学出版社，2018.

2. 北京中科创大创业教育投资管理有限公司，中国与全球化智库．中国高校创新创业教育发展蓝皮书(2016)[M]. 北京：机械工业出版社，2017.

3. 王涛，顾新．创新与创业管理[M]. 北京：清华大学出版社，2017.

4. 李军凯．大学生创新创业教程[M]. 北京：人民出版社，2017.

5. 王中强，陈工孟．创新思维与创业教育[M]. 北京：清华大学出版社，2017.

6. 周苏，褚赟．创新创业：思维、方法与能力[M]. 北京：清华大学出版社，2017.

7. 倪锋．创新创业概论[M]. 北京：高等教育出版社，2016.

8. 周俊武．创大学生创新创业指导[M]. 长沙：湖南师范大学出版社，2016.

9. 鲁克德．你一定要读的 50 部管理学经典[M]. 上海：立信会计出版社，2016.

10. 李伟，张世辉．创新创业教程[M]. 北京：清华大学出版社，2015.

11. 姚本先．大学生心理健康教育(第 2 版)[M]. 合肥：安徽大学出版社，2015.

12. 罗国锋．创新创业：行动学习指南[M]. 北京：经济管理出版社，2013.

13. 季跃东．创新创业思维拓展与技能训练[M]. 北京：科学出版社，2012.

14. [美]理查德·J. 古森．创业大师白金讲堂[M]. 北京：机械工业出版社，2009.

15. 刘磊. 大学生创新创业基础[M]. 北京：中国水利水电出版社，2015.

16. 沈雁华. 大学生创业理论与实践[M]. 上海：华东师范大学出版社，2015.

17. 薛艺，乔宝刚. 创行——大学生创新创业实务[M]. 青岛：中国海洋大学出版社，2016.

18. 吕爽. 创业管理[M]. 北京：中国铁道出版社，2017.

19. 贾强，包有或. 大学生就业创业指导[M]. 北京：中国医药科技出版社，2017.

20. 姚凤云，赵雅坦，郑郁. 创新与创业管理[M]. 北京：清华大学出版社，2017.

21. 鞠殿民，张金明，付忠臣. 大学生创业基础教程[M]. 西安：西安电子科技大学出版社，2015.